T0337756

Кто подсветил Тосканскую винодельню Маркизов Антинори, спроектированную Archea Associati?

Photo by Pietro Savorelli

Cantina Antinori, Bargino, San Casciano Val di Pesa, Firenze, 2012 / Progetto architettonico: Archea Associati

MARTINI S.p.A. Via Provinciale, 24 · 41033 Concordia s/S, Modena, Italy · Tel. +39 0535 48111 · Fax +39 0535 48220 · info@martinilight.com · www.martinilight.com

Реклама

BARRISOL®

L' Art du plafond

www.barrisolrus.ru

МУЗЕЙ СОВРЕМЕННОГО ИСКУССТВА ГАРАЖ

GARAGE

MUSEUM OF CONTEMPORARY ART

Выставки
Лекции
Кинопоказы
Образовательный центр
Курсы для детей и взрослых
Детские мастерские
Летняя площадка
Книжный магазин
Кафе

МЕСТО,
ГДЕ ВСТРЕЧАЮТСЯ
ЛЮДИ, ИДЕИ И ИСКУССТВО,
ЧТОБЫ СОЗДАВАТЬ
ИСТОРИЮ

с 17 октября по 5 декабря
Выставка
«Перформанс в России: картография истории»

Музей современного искусства «Гараж»
Москва, Парк Горького
Ул. Крымский вал, д. 9
+7 495 645 05 20
www.garageccc.com

Реклама

JUNG
made in Germany

*серия A creation glass Шампань
гравировка или изображение на клавише заказываются отдельно через онлайн-сервис Graphic Tool
Graphic Tool позволяет наносить на выключатели, розетки и другие изделия надписи или изображения

jung.de/ru

ART
BOOK
SHOP

КНИГИ·ИСКУССТВО·ЛЮБОВЬ

Московский музей современного искусства
улица Петровка 25

Московский музей современного искусства
Гоголевский бульвар 10

Музей современного искусства «Гараж»
Парк Горького, Павильон у Пионерского пруда

Политехнический Музей
ВВЦ, Павильон №26

Институт «Стрелка»
Берсеневская набережная 14, строение 5А

ГУМ
Красная площадь 3, 3-ий этаж, 3-я линия

ARTBOOKSHOP.COM

Реклама

Роллеты ALUTECH — это Роллеты ПЛЮС...

В 3 раза дольше срок службы!

... **на 30%**
толще лента

... **в 2 раза**
толще покрытие

... **на 25%**
толще стенки шин

... **в 6 раз** выше
износостойкость

Заказать продукцию «АЛЮТЕХ»
можно у официальных дилеров Группы компаний «АЛЮТЕХ»
во всех регионах России, а также через «Окно заказа»
на сайте **www.alutech-group.com**

ALUTECH
GROUP OF COMPANIES

Georg-Brauchle-Ring

© Nick Frank

Georg-Brauchle-Ring

Яркий минимализм Ника Франка.
Метро Мюнхена в фотографиях (стр. 246)

Nick Franck's bright minimalism
Photos of Munich metro (page 246)

MosBuild

Главная строительная
и интерьерная выставка России

Неделя Дизайна и Декора

31 марта – 3 апреля 2015
Москва, ЦВК «Экспоцентр»

Неделя Строительства
и Архитектуры

14 – 17 апреля 2015
Москва, ЦВК «Экспоцентр»

www.mosbuild.com

MosBuild

Архитектура • Строительство • Дизайн • Декор

ОРГАНИЗАТОР
ITE
ГРУППА КОМПАНИЙ

Реклама

ALUCOBOND®

НАСТОЯЩАЯ НЕГОРЮЧАЯ* АЛЮМИНИЕВАЯ КОМПОЗИТНАЯ ПАНЕЛЬ

Палеонтологический музей, Шёнинген, Германия I ALUCOBOND® naturAL REFLECT I Holzer Kobler Architekturen (Цюрих), PBR Магдебург I © Ян Биттер

*Согласно европейской классификации EN 13501-1

3A Composites GmbH
Представитель в России
Леонид Чернышов
Тел.: +7 (985) 202 15 15

speech:

номер / issue **13**
тема / subject **метро**

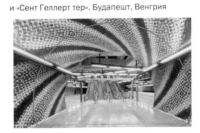

Содержание / Contents

Вне улиц, в ногу со временем
Off the streets, in step with time

текст: Анна Мартовицкая / text: Anna Martovitskaya

© ON-A/Lluis Ros

1

Сегодня метро является неотъемлемой частью любого мегаполиса. Оно может быть очень разным – подземным и наземным, «тяжелым» и легким, оформленным предельно аскетично или, наоборот, трактованным как «дворцы для народа», — но его сути это не меняет: именно системы внеуличного скоростного транспорта делают возможным существование огромных городов и агломераций, соединяя их разрозненные районы в единый жизнеспособный организм.

The metro today is an essential part of every big city. Metro systems can be of different kinds — underground, above-ground, "heavy", light, extremely ascetic in design or, on the contrary, "palaces for the people" — but this does not change their essential point, which is that high-speed off-street transport is what makes it possible for huge cities and agglomerations to exist, by linking their disparate districts to form a single viable organism.

© Felix Gerlach

По данным Международного союза общественного транспорта, 148 городов на Земле сегодня имеют собственные системы метро. В общей сложности это 540 линий, 9 тысяч станций и 150 миллионов пассажиров, перевозимых ежедневно. Две трети всех метрополитенов расположены в Европе и Азии, тогда как на американские континенты приходится по 10 процентов от общего числа, а на Ближний Восток и Африку и того меньше — всего по 4 процента. Как известно, самое первое метро в мире появилось в 1863 году в Лондоне, а на рубеже XIX и XX веков эстафету подхватили Будапешт, Нью-Йорк, Берлин и Париж. Экстенсивное развитие системы внеуличного транспорта получили ближе к середине XX столетия, когда мегаполисы один за другим стали сталкиваться с неразрешимыми транспортными проблемами, так что сегодня как минимум треть всех метрополитенов мира имеет возраст старше 40 лет, то есть или вступает в фазу активной регенерации, или, более того, проходит ее уже не в первый раз. И если в 1970-е годы они были сосредоточены, в основном, на чисто техническом обновлении и продлении линий, то сегодня перед метрополитенами стоит более сложный комплекс задач и вызовов современности.

С одной стороны, метрополитены все чаще перестают быть самодостаточными системами, лишь условно состыкованными с другими видами транспорта, — все больше городов «подключают» к метро другие железные дороги, например, городские электрички (знаменитая RER в Париже или симбиоз U-bahn и S-bahn в Берлине) и даже скоростные поезда дальнего следования (на фешенебельный «Евростар», который курсирует между Лондоном и Парижем, можно пересесть прямо из английской подземки). В Лондоне же с 2009 года ведется строительство Crossrail — железной дороги, которая пройдет через весь город и соединит его западную часть с восточной, а также прилегающие к ним графства Беркшир и Эссекс. Общая протяженность ее линий составит 118 км, и под центром города железная дорога пройдет под землей, где-то параллельно с метро, а где-то пересекаясь с ним. Этот проект — кстати, один из крупнейших в современной Европе, — хорошо иллюстрирует перспективы и ключевые задачи развития внеуличного транспорта: ветка Crossrail не просто соединит несколько районов между собой, но «подключит» их к аэропорту Хитроу, что способно принципиально улучшить инвестиционный климат всех, даже не самых востребованных сейчас, городских земель и сделать их более многофункциональными.

According to figures produced by the International Union of Public Transport, 148 cities in the world have their own metro systems. Altogether, there are 540 lines, 9000 stations, and 150 million passengers transported every day. Two thirds of all metro systems are situated in Europe and Asia, while the Americas account for 10% of the total, and the Near East and Africa have even less — a mere 4%. As is well known, the first metro in the world opened in London in 1863; then, at the turn of the 19th century, the baton was picked up by Budapest, New York, Berlin, and Paris. These off-street transport systems began developing extensively around the middle of the 20th century, when, one after another, the megalopolises started running into insuperable problems with transport. This means that today at least one third of all the world's metro systems are at least 40 years old — which is to say that they're either entering a phase of active regeneration or are even undergoing

regeneration for the second time. And if in the 1970s these metro systems focused mainly on purely technological renewal and extension of their lines, today they are confronting a more complex set of tasks and challenges posed by modernity.

On the one hand, the metro is increasingly ceasing to be a self-sufficient system which is only provisionally linked to other types of transport. More and more cities are "plugging in" other railways — such as urban local trains (e.g. the famous RER in Paris or the symbiosis of the U-bahn and S-bahn in Berlin) and even long-distance high-speed trains (you can catch the fashionable Eurostar, which shuttles between London and Paris, straight off the London underground) — to their metros. London again has been building its Crossrail, a railway which will pass through the entire city and link the west with the east, together with the adjoining counties of Berkshire and Essex. Crossrail will

1 Станция метро Drassanes, Барселона
(2009, арх. бюро ON-A) /
Drassanes Metro Station, Barcelona
(2009, arch. ON-A)

2–4 Станция метро Triangeln, Мальмё
(2010, арх. бюро Metro Arkitekter) /
Triangeln Station, Malmö (2010, arch.
Metro Arkitekter)

© Aedas

6

© Aedas

7

© Aedas

По похожей схеме развиваются более молодые метрополитены крупнейших городов Китая: в Пекине, Шанхае, Гонконге и ряде других мегаполисов этой страны метро неразрывно связано с сетью уличных скоростных трамваев, причем в рамках каждого метрополитена существуют маршруты разной скорости и интенсивности. Пекинский метрополитен был основан в 1969 году, а свое по-настоящему бурное развитие начал уже на рубеже веков, когда стало известно, что китайская столица примет летние Олимпийские игры-2008. Для сравнения: если в начале 2006 года он насчитывал всего 114 км линий, то к 2012 году их протяженность выросла в четыре раза. При этом власти города не намерены останавливаться: согласно обнародованным планам, к концу 2015 года протяженность линий должна увеличиться до 708 км, а к 2020 году достичь 1050 км, обеспечив внеуличным транспортом все районы мегаполиса, население которого к тому времени обещает составить 18 млн человек. Не отстает и Шанхай: начав свое существование в 1993 году, его метро сейчас насчитывает 439 километров линий, а уже к 2020 году его планируется расширить до 780 км. Гонконг начал строить метро гораздо раньше — первая линия открылась в 1979 году, причем ее трассировка и продолжительность несколько раз корректировались на стадии проекта в соответствии с демографическими данными. Сегодня метрополитен Гонконга насчитывает более 210 км путей и более 150 станций, из которых почти половина являются станциями скоростного трамвая. После гонконгского метро открылось еще в пяти странах Тихоокеанско-Азиатского региона — Тайване, Филиппинах, Таиланде, Малайзии и Сингапуре. Впрочем, пальму первенства по количеству метрополитенов там по-прежнему удерживает Япония: в этой стране метро есть в 12 городах. Одно из лидирующих мест в мире занимает и транспортная система Сеула: длина линий южнокорейского метро — 393 км, а по количеству станций этот метрополитен уступает первенство только Нью-Йорку. При этом, в отличие от большинства метрополитенов Азии, сеульское метро не является государственной собственностью и управляется тремя независимыми компаниями.

© Aedas

have a total length of 118 km. In the city centre it will be underground, sometimes running parallel to the metro and sometimes intersecting it. This project — which, incidentally, is one of the largest construction projects in Europe today — is a good illustration of the prospects for and key objectives of developing off-street transport: Crossrail will not only link several districts, but also connect them to Heathrow Airport. This is likely to fundamentally improve the investment climate for all land in the city — including land for which there is currently no demand — and to make it more multifunctional.

Younger metro systems in major cities in China are developing along a similar path. In Peking, Shanghai, Hong Kong, and a number of other Chinese megalopolises the metro is inextricably linked with express-tram networks and the same metro system may contain routes running at different speeds and intensities. The Peking metro was founded in 1969, but its development really took off — in a truly frenzied fashion — at the turn of the century when the Chinese capital was chosen to host the 2008 Olympic Games. For comparison, if at the beginning of 2006 the Peking metro had a total

length of only 114 km, by 2012 this figure had quadrupled. And the Peking authorities have no intention of stopping: under current plans, the total length of the city's metro lines will reach 708 km by the end of 2015 and 1050 km by 2020, providing off-street transport for all districts of Peking, whose population by that time will have reached 18 million. Nor is Shanghai lagging behind: construction of the metro began in 1993 and the system now covers 439 km, and by 2020 is planned to reach 780 km. Hong Kong began building its metro much earlier: the first line opened in 1979; its length and routes were adjusted several times during planning in accordance with demographic factors. Today the Hong Kong metro extends to more than 210 km and has more than 150 stations, of which almost half are high-speed tram stations. After Hong Kong, metro systems opened in another five countries in the Pacific / Asia region — namely in Taiwan, the Philippines, Thailand, Malaysia, and Singapore. Japan, however, is still the leader when it comes to numbers: it has 12 cites with metro systems. One of the largest metro systems in the world is in Seoul, where there are 393 km of tracks and more

8 **Наземный павильон станции решен как крытое общественное пространство,** связывающее метро с разветвленной сетью пешеходных маршрутов /

The station canopy presents a sheltered, public plaza in the park with an access to the underground subway and pedestrian network

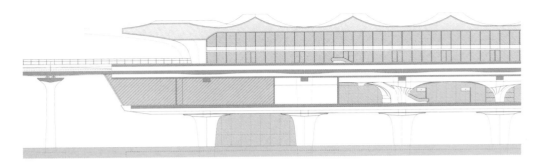

© Qatar Railways Company, designed by UNStudio

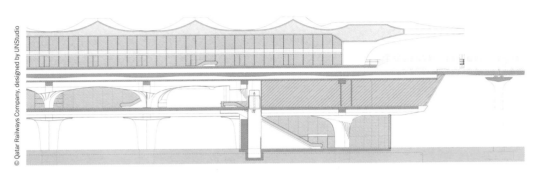

© Qatar Railways Company, designed by UNStudio

© Qatar Railways Company, designed by UNStudio

Стремительно обзаводится метро и Ближний Восток. Одной из самых технологичных и стремительно растущих транспортных систем в мире является Дубайский метрополитен (подробный рассказ о нем читайте на стр. 178). Его ближайшим во всех смыслах конкурентом через несколько лет обещает стать метро города Эр-Рияд, столицы Саудовской Аравии, строительство которого началось в этом году. Проект разбит на три очереди и предусматривает создание 6 линий общей протяженностью 176 км, причем, как и в Дубае, в центре города метро будет подземным, а за его пределами пройдет по специально возведенным эстакадам. Развитый метрополитен в ближайшие годы планирует создать и Доха, столица Катара: город, в котором сегодня вообще нет альтернативы автомобильным дорогам, уже утвердил проект строительства четырех линий и более 100 станций подземного и наземного метро. И если динамично растущие метрополитены Азии — это, в первую очередь, функциональные сооружения, призванные максимально быстро доставить человека из точки А в точку Б, то метрополитены Ближнего Востока изначально создаются как средство удовлетворения не только транспортных потребностей городов, но и их амбиций. Проектированием метро в Дубае занималась одна из крупнейших мировых фирм Aedas, облик метро Дохи разрабатывает UNStudio, а метро в Эр-Рияде строят сразу несколько ведущих архитекторов мира, в том числе Заха Хадид, уже пообещавшая включить в отделку станции King Abdullah Financial District позолоченные панели.

Вряд ли какая-либо еще станция в мире сможет переплюнуть подобную роскошь отделки, но сам курс на уникальность оформления подземных транспортных сооружений сегодня берет все больше стран. Почти каждая европейская метросистема пережила довольно долгий период развития в русле идей модернизма и строгого функционализма (а их азиатские собратья продолжаются существовать в них и сейчас, исключение составляют разве что Гонконг и Япония), но сегодня старается уйти от него как можно дальше. Кардинально изменилось само восприятие пространства станции и его места в структуре городских общественных пространств. Если раньше метро служило, в первую очередь, «зоной транзита», позволяющей эффективно связать различные районы города, то теперь, в силу и разрастания самих систем, и значительного увеличения перевозимого ими пассажиропотока, подземный транспорт стал местом, где люди проводят не меньше времени, чем на улицах.

9–11   **Проект типовой наземной станции первой линии метро Катара** (2014, арх. бюро UNStudio) /

Design of the station of the Doha Metro Network, Qatar (2014, arch. UNStudio)

12–13   **Проект станции King Abdullah Financial District метрополитена Эр-Рияда** (2013, арх. бюро Zaha Hadid Architects)/

The project of King Abdullah Financial District Metro station, Riyadh (2013, arch. Zaha Hadid Architects)

stations than in any other city in the world with the exception of New York. Unlike most metro systems in Asia, the Seoul metro is not state-owned, but is operated by three independent companies.

The Middle East is also rapidly acquiring metro systems. One of the most technologically advanced and rapidly growing transport systems in the world is the Dubai metro (for details, see p. 178). Its closest (in all senses) rival is in a few years" time likely to be the metro in Riyadh, the capital of Saudi Arabia, where construction began this year. The project's three phases will involve the creation of 6 lines with a total length of 176 km. And as in Dubai, the metro will be underground in the city centre and will run on specially erected viaducts in other parts of the city. Doha, capital of Qatar, likewise plans an extensive metro system. Currently, this is a city in which there is no alternative to roads. Doha has already approved a plan to construct four lines and more than 100 stations both above and below ground. And if the dynamically developing metro systems in Asia are, above all, functional structures which are intended to move people at speed from point A to point B, in the Middle East the metro has from the very start been a means of satisfying cities" ambitions as well as their transport needs. The Dubai metro has been designed by one of the largest firms in the world, Aedas; the Doha metro is the work of UNStudio; and the metro in Riyadh is being designed by several of the world's top architects, including Zaha Hadid, who has already promised to use gilded panels as cladding at King Abdullah Financial District station. It is unlikely that any other metro station in the world will be

able to outdo King Abdullah Financial District on luxury, but there are more and more countries which are intent upon creating underground transport structures with unique interior design. Almost all metro systems in Europe went through fairly long periods of development along the path of Modernism and strict functionalism (in Asia the metro continues to develop in this way even now, the only exceptions being Hong Kong and Japan), but are now trying to leave this style as far

behind them as possible. There has been a radical change in the perception of metro stations as spaces and of their place in the structure of urban public space. Previously the metro was, above all, a "transit zone" and an effective link between various districts in the city, but it has now become, as a result of the expansion of these systems and of the growth in passenger numbers, a place where people spend just as much time as on the streets. This means that the metro must possess

© Richard Davies

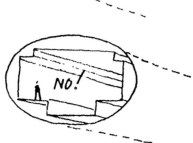

© Foster+Partners

14–17 Метрополитен Бильбао
(1995, арх. бюро Foster+Partners) /
Bilbao Metro (1995, arch.
Foster+Partners)

А значит, и качествами он должен обладать соответствующими, предлагая пассажиру не только безопасное и удобное перемещение, но и визуально разнообразную и привлекательную среду, способную с лихвой компенсировать проведенное вне города время и неизбежность близкого соседства с большим количеством других людей. С середины 1990-х годов сам жанр архитектуры метро переживает свое новое рождение: к участию в проектах строительства новых станций и регенерации старых, помимо инженеров и конструкторов, стали привлекаться ведущие архитекторы и художники. Пожалуй, наиболее ярко и последовательно эту концепцию реализует Неаполь с его масштабным проектом «Искусство на станциях» (интервью с главой Неапольского метро Джианнеджидио Сильвой читайте на стр. 190) Ну, а флагманом этого движения следует признать сэра Нормана Фостера и спроектированный им метрополитен Бильбао.

Несмотря на то, что всемирную славу полигона современной архитектуры испанскому городу Бильбао принес Фрэнк Гери со своим музеем Гуггенхайма, первой звездой мирового зодчества, покорившей столицу Бискайи, был именно Фостер. Власти города пригласили его в 1995 году проектировать метро, которое должно было соединить районы, расположенные на разных берегах реки Нервион, а также город и многочисленные пригороды. Фостер разработал совершенно новую типологию подземного транспорта, где все архитектурно-инженерные элементы (входная группа — кассовый зал — эскалатор и лестница — плафторма) решены одинаково

зрелищно. В метро Фостера вообще нет темных углов, изнанки, которую не принято показывать, а хай-тек, порой столь холодно-стерильный и даже агрессивный, под землей неожиданно приобретает совершенно иное, более камерное звучание, становясь синонимом не только элегантности, но и надежности решений. Одной из принципиальных инноваций архитектора стало нежелание «прятать» подземелье, в котором, собственно, и расположено метро: вместо того, чтобы декорировать «недра» традиционными интерьерами, Фостер, наоборот, оставил породу нетронутой как напоминание пассажирам о том, что они движутся сквозь толщу земли. Второе ноу-хау — везде, где возможно, пустить на станцию дневной свет, благодаря которому такое путешествие из давящего и депрессивного превращается в увлекательное. Роль световых колодцев на себя взяли входные павильоны, решенные в виде прозрачных колпаков-ракушек. Днем они позволяют естественному освещению беспрепятственно проникать на станции, а ночью сами превращаются в приметные уличные фонари. Проект метрополитена Бильбао удостоен многих наград, в том числе и премии Брюнеля — самой престижной в области железнодорожного строительства. Признание же местных жителей выразилось лексически — входы в метро в народе получили собственное ласковое прозвище «фостерочки» (fosteritos).

Фостеру же принадлежит проект одной из самых зрелищных станций продолжения Джубили-лайн (Jubilee Line Extension)

appropriate qualities, offering passengers not just a safe and convenient way of moving around, but also a visually diverse and attractive environment which provides ample compensation for time spent outside the city proper and for the necessity of coming into close contact with large numbers of other people. From the middle of the 1990s forwards, the very genre of metro architecture has been experiencing a rebirth: in addition to engineers and structural engineers, top architects and artists have also been involved in designing new stations and regenerating old ones. Perhaps the clearest and most systematic example of this is Naples with its ambitious "Art stations" project (see our interview with Giannegidio Silva, head of the Naples metro, on p. 190). The flagship of this movement has to be the Bilbao metro designed by Sir Norman Foster.

Bilbao may have won its worldwide reputation as a testing-ground for contemporary architecture thanks to Gehry's Guggenheim Museum, but the first architectural celebrity to conquer the capital of Biscay was actually Norman Foster. In 1995 the city authorities invited Foster to design a metro system to link districts situated on different banks of the River Nervion and the city as a whole with its numerous suburbs. Foster devised a completely new type of underground transport system wherein all the various architectural and engineering components (the entrance area, ticket office, escalators and staircases, platforms) are designed to be identically visually impressive. Foster's metro has no dark corners, no underside which is not intended to be seen. Here, underground, the high-tech style, which in other contexts may be sterilely cold and even aggressive, unexpectedly acquires a completely different, more intimate, resonance, becoming synonymous with not just elegance, but also reliability of design. One of the fundamental innovations made by Foster was his reluctance to "hide" the underground space which constitutes the metro's home: instead of decorating the "bowels of the earth" with a traditional interior, he has, on the contrary, left the rock face untouched as a reminder to passengers that they are moving through the midst of the earth. The second technique he has employed here is that, wherever possible, he has let daylight into the stations; this has turned the metro journey from an oppressive and depressing experience into an entertaining one. The role of skylights is played by the entrance pavilions, which take the form of transparent shell-like caps. During the day they allow natural light to pass unhindered into the stations, and at night they themselves become striking street lights. The Bilbao metro project won many awards, including the Brunel Prize — the most prestigious prize for railway construction projects. The approval shown by local residents is expressed linguistically, in their use of the affectionate nickname "fosteritos" to describe the metro entrances.

Foster is also the author of one of the most spectacular stations on the Jubilee Line Extension in London. Canary Wharf station, built on the site of the West India Docks, is the largest and most spacious station on the new line. The huge parabolic steel canopies over the station entrances admit abundant daylight onto the platforms. All the station structures are made of concrete, steel, and glass and are completely free of any hint of decoration, but, in combination with the scale of the space itself, are of extremely striking appearance. Furthermore, Foster has skillfully decorated all the "technical details": the lifts have a special

16

© John Edward Linden

17

© Nigel Young/Foster+Partners

© Nigel Young/Foster+Partners

© Designed by Will Alsop for Alsop Architects, part of the Archial Group

© Nigel Young/Foster+Partners

© Designed by Will Alsop for Alsop Architects, part of the Archial Group

NORTH GREENWICH

в лондонском метро. Построенная на месте вест-индского дока станция «Кэнэри Уорф» — самая большая и просторная на новой ветке. Благодаря огромным стеклянным козырькам параболической формы над входами, на платформу проникает много дневного света. Все конструкции станции выполнены из бетона, стали и стекла и лишены какого бы то ни было намека на декоративность, но в сочетании с масштабом самого пространства выглядят очень эффектно. Кроме того, Фостер искусно задекорировал все «технические подробности»: лифты имеют специальное глазурованное покрытие, пути отгорожены от платформ стеклянными панелями, а кабели и прочие приспособления спрятаны, что создает ощущение отточенности и во всех смыслах чистоты решения.

Помимо Нормана Фостера, в проекте продолжения Джубили-лайн участвуют многие известные архитекторы: ее новые станции проектировали сэр Майкл Хопкинс («Вестминстер»), Ян Ритчи («Бермондси»), Уильям Олсоп («Норт Гринвич»), Крис Уилкинсон («Стратфорд»), бюро Weston Williamson («Лондон Бридж») и MacCormac Jamieson Pritchard («Саутворк»). Всех их в проект пригласил Роланд Паулетти, главный архитектор новой Юбилейной, изначально сделавший ставку на разнообразие станций и высочайшее качество

архитектуры. При этом все участники проекта были ограничены в использовании материалов: разрешенная палитра предусматривала только упомянутые стекло, бетон и металл, что позволило создать во всех девяти случаях имидж подчеркнуто современный и мгновенно идентифицируемый именно как «стиль Джубили-лайн». Интуитивно понятное пространство, по возможности дневной свет, удобный доступ и четкая маршрутизация пассажиров — вот основные приоритеты развития современного лондонского метро, и в этом смысле британской столице стремятся подражать очень многие. Кстати, и к проектированию станций уже упомянутой Crossrail Лондон также привлекает своих лучших архитекторов — John McAslan & Partners (интервью с партнером бюро, директором по транспорту Хиро Асо читайте на стр. 228), Wilkinson Eyre, Aedas, Weston Williamson, Foster + Partners, HOK и другие.

К числу «авторских» метрополитенов с некоторой натяжкой можно отнести и метро Генуи: из восьми станций, составляющих единственную линию легкого метро этого итальянского города, пять спроектировал его знаменитый уроженец Ренцо Пьяно. И здесь налицо единый дизайн-код, при том что у каждой станции свой собственный облик: это визуально легкие и светлые пространства, решенные в элегантных конструкциях. Архитектор обыграл

надземное размещение легкого метро — станции словно парят в воздухе, заключенные в стеклянные оболочки и щедро окруженные зеленью. А единственную ветку мини-метро другого старинного итальянского города Перуджи, состоящую из семи станций (две из них подземные), спроектировал Жан Нувель. Вписывая входные павильоны в ткань исторической застройки, французский архитектор предложил предельно аскетичный дизайн, не отвлекающий от созерцания красот самого города. Металл и стекло подчеркивают современное технократическое происхождение этих объектов, причем там, где это уместно, архитектор использовал зеркальную облицовку, визуально нивелирующую присутствие станций в исторической панораме.

Образ высокотехнологичной и безопасной станции так или иначе доминирует и в облике линии 14 в Париже, также известной как Météor Line (т.е. это метро, но скоростное по сравнению со «старым»). Она была открыта для пассажиров в 1998 году и соединила несколько ключевых районов исторического центра Парижа, которые раньше не были связаны между собой. К оформлению станций были привлечены архитекторы Антуан Грюмбах (станция «Библиотек Франсуа Миттеран»), Жан-Мари Шарпантье (станция «Сен-Лазар») и Бернар Кон, которому выпало разработать «типовые»

©Dennis Gilbert/VIEW

© Designed by Will Alsop for Alsop Architects, part of the Archial Group

24

© Designed by Will Alsop for Alsop Architects, part of the Archial Group

glazed coating; the tracks are separated from the platforms by glass panels; and the cables and other devices are concealed — which creates a feeling of precision and purity of design.

The Jubilee Line Extension project involved many other well-known architects in addition to Norman Foster. The new stations on the line were designed by Sir Michael Hopkins (Westminster), Ian Ritchie (Bermondsey), William Alsop (North Greenwich), Chris Wilkinson (Stratford), Weston Williamson (London Bridge) and MacCormac Jamieson Pritchard (Southwark), all of whom were invited to work on the project by Roland Pauletti, Chief Architect of the Jubilee Line Extension, who from the very start opted for diversity of stations and the highest possible quality of architecture. At the same time, participants in the project had limited freedom as to which materials they could use: the range of permitted materials included only the above-mentioned glass, concrete, and metal, and this made it possible to impart to all the nine stations an emphatically modern image which is immediately identifiable as the "Jubilee Line style". Intuitive interpretation of space, daylight wherever possible, convenient access, and clear routing of passengers: these are the main priorities for developing the London metro today, and in this London provides an example which many other cities are keen to follow. Incidentally, London has also hired its best architects — including John

McAslan & Partners (see the interview with Hiro Aso, a partner in this firm and its head of transport, on p. 228), Wilkinson Eyre, Aedas, Weston Williamson, Foster + Partners, and HOK — to work on the Crossrail project.

We may also, albeit slightly tendentiously, describe Genoa's metro system as one of the world's "designer" metros. Of the eight stations which make up the only line of the Genoa light-rail metro system, five were designed by the city's famous native Renzo Piano. Here too we cannot fail to notice a unifying design code, even if each station has a distinctive look of its own. These are light and luminous spaces consisting of elegant structures. Piano has exploited the fact that the light-rail metro system is above-ground: the stations seem to float in the air, enclosed in envelopes of glass and surrounded by abundant vegetation. The only line of the mini-metro system of another ancient Italian city, Perugia, was designed by Jean Nouvel. In order to inscribe the entrance pavilions for the metro into the city's historical setting, Nouvel came up with an extremely ascetic design which does not distract from contemplation of the beauty of the city itself. Metal and glass emphasize the modern, technocratic origin of these structures and, where appropriate, Nouvel has used a mirror-reflective membrane which visually reduces the presence of the stations in the historical panorama.

18–19 **Станция метро Canary Wharf, Лондон** (1999, арх. бюро Foster+Partners) /
Jubilee Line extension station, Canary Wharf, London (1999, arch. Foster+Partners)

20–21 **Станция метро North Greenwich, Лондон** (1998, арх. Уилл Олсоп)/
Jubilee Line extension station, North Greenwich, London (1998, arch. Will Alsop)

22 **Станция метро Canary Wharf, Лондон** (1999, арх. бюро Foster+Partners) /
Jubilee Line extension station, Canary Wharf, London (1999, arch. Foster+Partners)

23–24 **Станция «Стратфорд» Доклендского легкого метро, Лондон** (2004, арх. Уилл Олсоп)/
Stratford Station of Docklands Light Railway, London (2004, arch. Will Alsop)

© Paolo Rosselli/ARTUR IMAGES

© Paolo Rosselli/ARTUR IMAGES

проекты шести остальных промежуточных станций новой линии. Бесспорной заслугой Кона стало внедрение в интерьер подземки живых растений — для Парижа это стало первым опытом «озеленения» метро и опытом очень удачным: до сих пор 14-я линия считается одной из самых комфортных и привлекательных во всем городе.

Комбинированной системой рельсового транспорта является и метро Валенсии, которое сочетает в себе легкое метро, традиционное и несколько маршрутов скоростных трамваев. Кстати, для Испании это первый опыт объединения разных видов транспорта в единую сеть, которая работает очень успешно, обслуживая гигантскую территорию и связывая центр города с пляжами и удаленными пригородами, существенно повысив туристическую привлекательность последних. Первая линия метро открылась в 1988 году и внешне была решена предельно функционально. К моменту открытия второй линии власти уже пересмотрели свое отношение к архитектуре метро: в интерьеры станций стали повсеместно включаться барельефы и скульптуры, а на проекты будущих станций были объявлены международные конкурсы. Пожалуй, самой яркой достопримечательностью среди всех метросооружений Валенсии остается станция «Аламеда», спроектированная Сантьяго Калатравой как часть Города искусств и наук. Она расположена под Новым выставочным мостом и стилистически образует с ним единое целое: фирменные белоснежные «хребты» Калатравы использованы и в облике входного павильона, и во внутреннем убранстве станции, где ажурность конструкции подчеркнута с помощью многочисленных световых фонарей треугольной формы. Несмотря на экономический кризис, метро в Валенсии продолжает развиваться и сегодня, причем в городе действует комплексная программа по превращению морально устаревших наземных станций в подземные, что позволяет не только модернизировать объекты транспортной инфраструктуры, но и высвободить значительные территории под застройку (об одном из таких проектов читайте на стр. 118).

Нужно заметить, что случай Валенсии, когда метро начиналось как сугубо функциональное сооружение, а затем переросло в полноценный художественный проект, далеко не единственный. По такому сценарию развиваются очень многие метрополитены мира. Например, очень заметен контраст между старыми и новыми станциями в Мюнхене. Открытое в 1972 году, мюнхенское метро сегодня насчитывает 6 линий и более 100 станций, самые старые из которых не отличаются выразительностью, тогда как созданные после 1990-х годов заслуженно стали его визитной карточкой. При этом здесь почти нет декоративных элементов и каких-либо иных арт-вкраплений: архитектурный облик станций создается за счет цвета, фактуры и пластики отделочных материалов. Так, стены, колонны и потолки станции «Кандидплатц» (архитектор Эгон Конрад) выкрашены всеми цветами радуги, начиная с фиолетового в северном конце платформы через красный, желтый и зеленый до темно-синего в южном конце. «Дюльферштрассе», которую оформляли Петер Ланц и Юрген Раух, также облицована разноцветными стеклянными панелями

©Roland Halbe

High-tech, safe stations are likewise the basis for the look given to Paris" 14th line, also known as the Météor Line (i.e. a metro line, but one which runs at a very high speed compared to the "old" metro). This line opened in 1998 and links several key districts in the old centre of Paris which were previously not connected with one another. The stations were designed by Antoine Grumbach (Bibliothèque Francois Mitterand), Jean-Marie Charpentier (St Lazar), and Bernard Kohn, who was responsible for designing the six intermediate stations on the new line. An indisputable strong point of Kohn's design is that he introduced vegetation into the metro stations. This was the first time that vegetation had been used in the Paris metro, and it proved very successful: even today the 14th line is considered one of the city's most comfortable and attractive.

The Valencia metro is likewise a combination of different forms of rail transport — in this case light-rail, traditional metro, and several high-speed tram lines. Incidentally, this is Spain's first experience of combining various types of transport in a single network. The system is highly effective, serving an enormous area and linking the city centre with beaches and remote suburbs, considerably enhancing the latter's attractiveness to tourists. The first line of the Valencia metro opened in 1988 and was of extremely functional design. By the time that the second line opened,

the authorities" attitude to metro architecture had changed: the interiors of the stations now everywhere included bas reliefs and sculptures, and international competitions were announced for the designs for future stations. Perhaps the most interesting of Valencia's metro structures is still Alameda station, which was designed by Santiago Calatrava for the City of Arts and Sciences. The station is located under the New Exhibition Bridge, with which it forms a stylistic whole. Calatrava's signature snow-white "ridges" are used in both the external design of the entrance pavilion and in the station interior, where the filigree quality of the structure is underlined by numerous triangular skylights. Notwithstanding the economic crisis, Valencia is continuing to develop its metro system today; moreover, the city has a systematic program for turning its tired-looking above-ground stations into underground ones — making it possible not just to modernize the network, but also to free up considerable areas of land for development (on one such project see p. 118).

It should be said that Valencia is by no means the only example of a metro system which started as a purely functional structure and then became an art project: there are many other metros all over the world which are developing in the same way. For instance, there is a very clear contrast between the old and new stations in Munich. Opened in 1972, the Munich metro now has 6 lines and

25–26 **Станция метро «Аламеда», Валенсия** (1995, арх. Сантьяго Калатрава) /
Alameda station, Valencia (1995, arch. Santiago Calatrava)

27 **Станция метро «Центральный вокзал», Мюнхен** (2013, арх. Auer+Weber+Assoziierte) /
Hauptbahnhof subway station, Munich (2013, arch. Auer+Weber+Assoziierte)

С середины 1990-х годов жанр архитектуры метро переживает свое новое рождение: к участию в проектах строительства новых станций и регенерации старых, помимо инженеров и конструкторов, стали привлекать ведущих архитекторов и художников

различной ширины, а облик станции «Мосфельд» построен на использовании всего двух цветов: одна стена покрашена в серый цвет и облицована красными алюминиевыми листами (в них вырезаны большие буквы, из которых складывается название), а вторая, — наоборот, в красный и облицована серым. Очень выделяется на общем фоне и станция «Санкт-Квирин-Плац» (бюро Hermann + Öttl), главным украшением которой стало гигантское раковинообразное окно.

Мюнхен одним из первых начал реконструкцию типовых станций, стремясь придать безликому пространству более современный и индивидуальный облик. Так, например, в 2007 году была основательно обновлена станция «Нойперлах Зюд», которая служит пересадочной между поездами метро и электричками. Опоры крыши, которые раньше

были прямоугольными и имели довольно унылую коричневую облицовку, теперь приобрели круглое сечение и отделаны броскими оранжевыми металлическими пластинами. Ганновер в преддверии всемирной выставки «ЭКСПО-2000» также обновил несколько своих станций, самой заметной среди которых стала «Крёпке» — над ней расположена торговая площадь с железнодорожным вокзалом. По проекту итальянского архитектора Массимо Йоза Гини, типовые конструкции станции были одеты в разноцветную мозаику, а над платформой создано впечатляющее панно на космическую тему.

Эпоху обновления переживает сегодня и метро Барселоны. В 2006 году в городе состоялось сразу несколько архитектурных конкурсов на лучшие проекты реновации станций, два из которых выиграло бюро ON-A.

© Depositphotos.com/wong8617

тема

© Александр Замараев/Фотобанк Лори

more than 100 stations, the oldest of which are
inexpressive, while those which were created after
1990 are striking advertisements for the city. The
latter is in spite of the fact that these stations
have almost no decorative elements or other
uses of artistic work of any kind: the stations"
architectural style is based on colour, texture, and
the plastic qualities of the finishing materials. The
walls, columns, and ceilings of Candidplatz station
(architect: Egon Konrad), for instance, are all the
colours of the rainbow, from violet at the north end
of the platform through red, yellow, and green to
dark-blue at the south end. Dulferstrasse, which
was designed by Peter Lantz and Jurgen Rauch, is
likewise faced in glass panels of various colours
and width, while Mosfeld takes its character from
the use of two colours only (one wall is grey and
faced with red aluminium sheets — in which large
letters forming the station's name have been cut
out; the other, on the contrary, is red and faced with
grey panels). St-Quirin-Platz station, designed by
Hermann + Öttl, is likewise of striking design, having
a gigantic shell-shaped window as its main feature.

Munich was one of the first cities to begin
reconstructing its standardized stations in an
attempt to impart a more modern and individual
character to a space which was previously
characterless. In 2007, for instance, Neuperlach
Sud, which is an interchange between metro and
local trains, was given a thorough makeover. The
roof supports, which were previously rectangular
and had a fairly gloomy brown facing, are now
round and finished in bright orange metal slats. In
the run up to EXPO 2000 Hannover also renewed
several of its metro stations, the most notable being
Kröpcke, which is located beneath a shopping area
and a railway station. To a design by Italian architect
Massimo Iosa Ghini, the station's standardized
structures were dressed in mosaic of different
colours and an impressive panel depicting a subject
from space was placed above the platform.

The Barcelona metro is likewise today
undergoing renewal. In 2006 the city held
several architecture competitions to find the best
proposals for station renovations. Two were won

© Stefan Müller-Naumann/ARTUR IMAGES

©Roland Halbe

Станцию Drassanes, ранее представлявшую собой типовой проект с боковым расположением платформ, архитекторы заключили в обтекаемые белоснежные оболочки, ставшие фоном для ярких цветовых акцентов, — ярко-зеленых колонн и плашек указателей, а также красных «маршрутных линий», связывающих перрон с кассовым залом и входным вестибюлем и тем самым существенно упрощающих ориентацию для пассажиров. Станция San Andreu, имеющая три платформы, в свою очередь, получила более темное оформление — для ее облицовки архитекторы выбрали панели из темного металла. Они скрадывают истинные габариты пространства, а избежать мрачного впечатления помогают разноцветные светильники и широкая красная полоса с названием станции. Впрочем, в современном барселонском метро встречаются и архитектурные эксперименты совсем иного рода — например, еще не сданные в эксплуатацию три новые станции линии 9 бюро Garces De Seta Bonet предпочло решить как «геологические объекты». Эти станции вообще

не имеют отделки, за исключением стеклянных стен лифтов и таких же прозрачных защитных экранов между платформами и путями, — по замыслу архитекторов, выполненные из необработанного бетона интерьеры как нельзя лучше подчеркивают подземную сущность метро и, в отличие от многих других материалов, способны красиво и долго стареть. Лишь кое-где бетонные поверхности выкрашены черной краской, а их излишнюю брутальность смягчают значительная высота потолков и продуманное освещение.

В Варшаве метрополитен начал строиться в конце 1980-х годов, был открыт в 1995-м и с тех пор неуклонно разрастается. Его развитие также может служить наглядным примером эволюции современного европейского подхода к проектированию подземных станций и пересадочных узлов. Станции, открытые в середине 1990-х, в полной мере несут на себе печать позднемодернистской эпохи: в их оформлении преобладает скромная серая, реже темно-красная или синяя облицовка,

32

© Adrià Goula

33

© ON-A/Lluís Ros

by ON-A. Drassanes station, which had until then been a standardized design with platforms placed side by side, was placed in streamlined snow-white envelopes which serve as a background for splashes of bright colour — columns and signposts in bright green and red "route lines" linking the platforms with the ticket hall and entrance vestibule and thus making it easier for passengers to find their bearings. San Andreu station, which has three platforms, has been given darker colours, with dark metallic panels being used for its cladding. The panels conceal the true size of the space, and the station avoids seeming gloomy thanks to the use of lights of different colours and a broad red strip bearing the station's name. However, the Barcelona metro today includes architectural experiments of an altogether different kind. For instance, three new stations — not yet operational — by Garces De Seta Bonet on Line 9 have been interpreted as "geological structures". These stations have no decorative finish of any kind, with the exception of the glass walls of the lifts and the similarly transparent protective screens between the tracks and the platforms. The architects" idea was that the interiors of unworked

concrete arethe best way of underlining the metro's essence as an underground structure and, unlike many other materials, age long and beautifully. In a few places the concrete surfaces have been painted black and their excessive brutality has been softened by the great height of the ceilings and by well thought-out lighting.

In Warsaw work on constructing the metro began at the end of the 1980s. The system opened in 1995 and has been steadily growing ever since. Its development may serve as an illustration of the evolution of the modern European approach to designing underground stations and interchanges. The stations which were opened in the middle of the 1990s clearly belong to the late-Modernist era: modest grey and, less frequently, dark-red or dark-blue colours prevail in their design, and the signs and lights are extremely laconic. The only exception is the two-level Wilanowska station, which has a pink and violet colour scheme. Wilanowska's main attraction, however, is the shopping arcade above the platforms, which is both an underground passageway (entrance is free of charge) and a gallery called "The train in art", exhibiting works

Previously the metro was, above all, a "transit zone" and effective link between various districts in the city, but it has now become, as a result of the expansion of these systems and of the growth in passenger numbers, a place where people spend just as much time as on the streets

© ON-A/Lluis Ros

© Depositphotos.com / jeancliclac

© Depositphotos.com / Bigandt

35–36 Метрополитен Копенгагена (2002) /
Copenhagen Metro (2002)

37 Входной вестибюль станции метро
Triangeln, Мальмё (2010, арх. бюро
Metro Arkitekter) /
Triangeln Station, Malmö (2010, arch.
Metro Arkitekter)

а указатели и светильники предельно лаконичны. Единственным исключением стала двухъярусная станция «Вилановска», цветовое оформление которой выдержано в розоватых и фиолетовых тонах. Впрочем, главной достопримечательностью этой станции являются расположенные над перроном торговые ряды, которые одновременно являются и подземными переходами (проход по ним бесплатный), и галерея «Поезд в искусстве», выставляющая на боковых антресолях «Вилановска» произведения варшавских художников. За столь нестандартное и социально значимое решение станция много лет подряд признавалась самой популярной и красивой в Варшавском метро — лишь в 2008-м году она уступила это звание станции «Плац Вильсона», построенной по проекту архитектора А. Холджински. Ее визитной карточкой стал купол, расположенный над южной частью платформы — имеющий форму эллипса, собранного из световых овалов разного размера, он играет роль большой люстры, освещающей всю станцию, а также подавляет шум от проходящих поездов. В зависимости от времени суток купол подсвечивается разными цветами: красным, фиолетовым, голубым или зеленым. 7 апреля 2008 года на конференции MetroRail-2008 «Плац Вильсона» получила награду как самая красивая станция метро, открытая в XXI веке. Правда, с тех пор пальма первенства уже перешла к станции «Толедо» в Неаполе.

Еще одним бесспорным лидером разнообразных рейтингов является Копенгаген, который обзавелся собственным метро лишь в 2002 году, однако продуманная стратегия развития, высочайшая скорость реализации проекта и применение инновационных технологий быстро сделали его и самым безопасным, и самым удобным (в его поездах, например, есть специальные места для пассажиров с домашними животными). На той же MetroRail-2008 датский метрополитен был единогласно признан лучшим в мире. Оформление станций по-скандинавски сдержанно, в отделке применены натуральные материалы, идеально подобранные по цвету и фактуре, кроме того, непременной составляющей интерьера является дневной свет. На станции глубокого заложения он попадает благодаря стеклянным пирамидам шириной 3,2 м и высотой 2,2 м. Эти ограненные «бриллианты» стали одним из опознавательных знаков копенгагенского метро: с помощью прозрачных стен и алюминиевых отражателей они проводят свет на 18-метровую глубину, на самих же станциях установлены датчики света — в пасмурные дни или сумерки они автоматически дополняют естественное освещение искусственным электрическим. Пока датский метрополитен насчитывает две линии с 22 станциями, но к 2018 году в Копенгагене планируется открыть кольцевой маршрут из еще двух новых линий — 17 новых подземных станций свяжут весь центр города с железнодорожным вокзалом и районами, до сих пор не охваченными внеуличным скоростным транспортом.

Самое молодое созданное «с нуля» метро Европы — это метрополитен итальянского города Брешии, столицы провинции Ломбардия. В 2000 году город провел тендер на сооружение линии легкого метро общей

©Felix Gerlach

by Warsaw artists on the side mezzanines. For this non-standard and socially important approach the station was for many years running acknowledged the most popular and beautiful metro station on the Warsaw metro — and it was only in 2008 that it ceded this title to Plac Wilsona station (architect: A. Holdjinski). The main feature of the latter station is the dome above the southern part of the platform; this takes the form of an ellipse consisting of luminous ovals of various sizes and acts as a large candelabra illuminating the entire station while also absorbing the noise produced by passing trains. Depending on the time of day, the dome lights up in different colours — red, violet, blue, or green. On April 7th, 2008 at MetroRail 2008 Plac Wilsona was awarded the title "most beautiful metro station in the world to have opened in the 21st century". Admittedly, since then this distinction has passed to Toledo station in Naples.

Another indisputable leader in various tables of ratings is Copenhagen, which acquired its metro only in 2002, but has become the safest and most convenient metro system in the world thanks to its well-conceived development strategy, extremely rapid realization, and use of innovative technology (one of the features which makes it so convenient is, for instance, that its trains include special places for passengers with pets). At MetroRail 2008 the Copenhagen metro was unanimously acknowledged the best in the world. Its stations are designed with a Scandinavian restraint, using natural finishing materials which have been selected with great attention to colour and texture; furthermore, every metro station employs daylight.

© Rafael Palomo

38

At deep-tunnel stations daylight is funnelled through 3.2 x 2.2 metre glass pyramids. The latter faceted "diamonds" are one of the system's distinctive features: their transparent walls and aluminium reflectors bring the light down to a depth of 18 metres; the stations themselves are fitted with light sensors which on overcast days automatically supplement the daylight with artificial electric light. Currently, the Copenhagen metro has two lines with 2 stations, but by 2018

38 Реконструкция Центрального вокзала Мальме и прилегающей площади с выходом метро (2011, арх. бюро Metro Arkitekter) / **Malmö Central Station and it`s new Glass Hall with access to the underground station** (2011, arch. Metro Arkitekter)

© Beppe Raso

© Beppe Raso

© Beppe Raso

протяженностью 15 км, которая бы соединила северный и юго-восточный районы города, пройдя через исторический центр. Линия, состоящая из 13 подземных станций и 4 надземных, была открыта 2 марта 2013 года. За разработку архитектурного облика транспортной системы отвечало бюро CREW, трактовавшее подземные станции как череду полых и заполненных пространств. Чтобы максимально наполнить это пространство светом, архитекторы создают множество световых фонарей, а стены входного вестибюля делают наклонными — они работают

для дневного света как воронка, а облицовка глазурованными панелями служит своего рода зеркалом, преумножающим свет. Ограждения переходов и даже эскалаторов выполнены из стекла, равно как и автоматические двери, отделяющие перроны от путей, а над самими поездами архитекторы сооружают металлические навесы, словно продлевая тоннель и тем самым противопоставляя настоящее подземелье и футуристичное пространство станций, соединяющее подземный мир с городом.

В XXI веке метро любого большого города служит едва ли не единственным гарантом

возможности своевременно и с комфортом попасть из одного района в другой. Конечно, пройдет несколько десятилетий, и представления о том, какими должны быть современные станции метро, вновь кардинально сменятся. Но одно совершенно точно: метро наших дней ассоциируется с элегантным и ярким дизайном, до мелочей продуманным пространством и наличием даже под землей дневного света, и в этом огромная заслуга архитекторов, разрабатывающих проекты новых станций и линий с учетом самых инновационных подходов и технологий. Ⓢ

42

© Depositphotos.com/ilinferrum

the city will have a circular route consisting of an additional two lines; 17 new underground stations will link the entire city centre with the railway station and districts which have yet to be covered by the high-speed transit network.

The newest metro system to have been built "from scratch" in Europe is in the Italian city of Brescia, the capital of the province of Lombardy. In 2000 Brescia held a competition for the contract to build a light-metro line with a total length of 15 km to link the city's northern and south-eastern districts through the old city centre. Consisting of 13 underground stations and four above-ground stations, the line was opened on March 2nd, 2013. The architectural style was devised by CREW, which interpreted the underground stations as a succession of empty and filled spaces. In order to fill the space with as much light as possible, the architects inserted numerous skylights and tilted the walls of the entrance areas so as to funnel the daylight; the glazed panels used as cladding serve as a kind of mirror multiplying the light. The walls of the passages and even the escalators are made of glass, as are the automatic doors separating the platforms from the tracks, and over the trains themselves the architects have erected metal canopies which seem to be a continuation of the tunnels and thus set up a contrast between the real underground and the futuristic space of the stations, space which links the underground world with the city above.

In the 21st century the metro system in any large city is almost the only way of getting from one district to another on time and in comfort. Of course, another few decades from now, our views of what a modern metro station should be like will again change fundamentally. But one thing is for sure: metro systems today mean elegant and interesting design, space which has been thought out down to the last detail, and the presence even of daylight underground — and for this we can only be very grateful to the architects who devise our new stations and lines using the most innovative approaches and technologies. Ⓢ

43

© Tom Arban

44

© Tom Arban

Подземные сети: необходимость и роскошь больших городов

Underground networks: a necessity and a luxury of big cities

текст: Бернхард Шульц / **text:** Bernhard Schulz

«Метро» — так лаконично называется картина, написанная в 1950 году Джорджем Тукером. Художник изобразил типичные приметы нью-йоркского метро: низкие потолки, двутавровые стальные опоры без обшивки, железные решетки, а на их фоне усталые, истощенные фигуры. Это полотно с испуганной женщиной на переднем плане часто трактуется как аллегория тотальной слежки в эпоху холодной войны. Но если отвлечься от трактовок, на картине — обстановка любой достаточно крупной станции нью-йоркской подземки. Внутреннее напряжение, которым отмечены все фигуры, можно ежедневно наблюдать в метро и сейчас. Несмотря на сложившуюся за десятилетия привычку, перемещение под землей по тоннелям не стало для людей естественным. Однако другого выхода у мегаполисов, похоже, просто нет.

"Subway" is the laconic title of a 1950 painting by George Tooker. It contains typical details of the New York Subway: the low ceilings, the naked steel double-T beams, the iron grates — all this as a background to the tired or even exhausted people depicted. With a frightened female character at its centre, the painting was seen by many as an allegory of the surveillance and thought control during Cold War times. All the figures in the painting display a kind of inner tension that is just possibly an everyday sight on the subway. Even when being accustomed to it for decades, it still doesn't feel natural to people to be moving below ground and in tunnels. However, for metropolises there appears to be no other solution.

1

© Observer.com

Этот текст **посвящается Ирине Шиповой**, которая на протяжении многих лет вдохновляла автора на пристальное и вдумчивое изучение истории архитектуры

*This article is **dedicated to Irina Shipova** who for many years has encouraged the author of the following text to devote his time to studying the history of architecture in depth*

1 Джордж Тукер. «Метро» (1950) / George Tooker's painting Subway (1950)

2 Вокзал Паддингтон, Лондон (1854, арх. Изамбард Кингдом Брюнель). **Именно сюда в 1863 году прибыл первый в мире поезд метро** / London Paddington station (1854, arch. Isambard Kingdom Brunel). **The very first underground train arrived here in 1863**

2

© Nick Hufton/VIEW/ARTUR IMAGES

3 Станция метро «Ватерлоо», Лондон /
Waterloo tube station, London

4 Мэрилебонский вокзал, Лондон
(1899, арх. Ричард Норман Шоу) /
Marylebone station. London (1899,
arch. Richard Norman Shaw)

5 Вокзал Кингс Кросс, Лондон (1852,
арх. Джон Тернбулл, Льюис Кабитт) /
King's Cross station. London (1852,
arch. George Turnbull, Lewis Cubbitt)

Удивительно, что подземный рельсовый транспорт, столь противный врожденным формам поведения, стал основой транспортного каркаса большинства крупных городов. Начальные этапы возникновения метро сопровождались страхами, выражавшимся в предостережениях по поводу возможных катастроф. Обвал тоннеля в результате давления поднявшейся воды в 1860-х годах замедлил строительство первой в мире подземки в Лондоне. Десятилетия спустя количество сторонников подземных и надземных дорог было примерно одинаковым: например, в 1900-е годы в Берлине первые линии прокладывались частично под землей, а частично на стальных виадуках, в зависимости от того, сторонники какого варианта преобладали в соответствующем районе.

В Лондоне также активно обсуждалось решение проложить рельсы на уровне улиц, как это было при введении конки и позже электрического трамвая. Однако количество людей, грузовых повозок и конных упряжек на улицах в результате стремительного роста населения после 1800 года увеличилось настолько, что заторы стали непреодолимыми. Железная дорога с многочисленными станциями нуждалась в соединении находящихся по большей части на севере города вокзалов друг с другом и с центром. Так возникла идея создания тоннелей. Первая подземная линия, открытая в 1863 году, проходит от северо-западной станции «Паддингтон», через «Юстон», «Сент-Панкрас» и «Кингс Кросс» до «Фаррингдона», соединяя их. Она доставляла пассажиров дальнего следования к Сити, экономическому центру Лондона.

Электрический ток в то время еще не использовался, из-за паровых двигателей тоннели на станциях строили открытые — чтобы выпускать дым и пар от локомотивов. Многие станции лондонского метро до сих пор остались частично или полностью открытыми, крыши над их платформами покоятся на опорах, как на обычных железнодорожных станциях. А вот опыт строительства подземных тоннелей у Лондона уже был: в 1843 году открылся тоннель под Темзой, построенный инженером Марком Изамбаром Брунелем при помощи изобретенного им еще в 1818 году проходческого щита. Изначально, кстати, это был пешеходный переход с двумя параллельными тоннелями, но таких внушительных размеров, что уже в 1869 он был переоборудован в железнодорожный путепровод — с необходимыми отверстиями для отвода дыма на выходах, оформленных в неоклассическом стиле в виде триумфальных арок. В дальнейшем этот тоннель несколько десятилетий служил отрезком ветки Ист-Лондон-лайн, а с 2010 года является участком Лондон Оверграунд, по большей части надземной сети скоростных поездов ближнего сообщения, использующей старые железнодорожные пути и похожей на немецкие электрички S-Bahn.

Следующий участок лондонской подземки был построен в 1886-1890 гг. и также в первую очередь предназначался для прохождения под Темзой. Он прокладывался при помощи того же проходческого щита и состоял из двух расположенных друг под другом «труб», то есть тоннелей. Сечение всего в три метра позволило максимально ускорить строительство, но продиктовало необходимость специальных вагонов с низкой закругленной крышей; такая

6

7

It seems surprising that underground railway traffic has become the unquestionable spine of public transport in big cities despite contradicting some of our innate behavioural patterns so strongly. Indeed, the early beginnings of the underground railway were accompanied by fears and admonitions of possible catastrophes. As it happens, the construction of the first underground railway worldwide in London in the 1860s was delayed when a tunnel wall collapsed due to the pressure of water flowing in. Even decades later, support for either underground railways or elevated railways was more or less equally split, as for example in 1900 in Berlin where some of the first lines were built underground and others on steel viaducts, depending on what the district residents preferred.

Railway traffic on street level was also a possibility in London, as it came to pass with the introduction of horse-drawn trams and then electrical trams. However, due to an explosive growth of population in London after 1800, pedestrian, cart and horse carriage traffic increased so massively that many streets became severely congested on a regular basis. The expanding railway network with its many terminuses also necessitated connections between these stations, which were located mostly in the north of the inner city, and with the city centre. This prompted the idea of a tunnel railway, and on its opening in 1863 the first underground line did in fact create a link between Paddington Station in the north-west via Euston, St Pancras and King's Cross to Farringdon and thus brought long-haul travellers closer to the city of London and its economic centre.

Electrical power as a driving force for motors was not yet available. The tunnel line had to be open at the stations to allow engine smoke and steam to escape. To this day many of the stations in London's underground network remain completely or partly open, looking very much like normal railway stations with their pillared platform roofs. For its tunnel network, London was also able to use the first tunnel built for general traffic, Thames Tunnel, bored by engineer Marc Isambard Brunel with the help of the tunnel shield he had invented in 1818 and opened after an 18-year construction period in 1843. Originally a pedestrian tunnel with two parallel tubes, it had such ample dimensions that it could be converted to a railway tunnel in 1869 — including the necessary openings for smoke to escape at the two exits, which were designed as triumphal arches in a neo-classicist style. The tunnel was later part of the East London Line for many decades, but in 2010 became part of the newly created London Overground, the aboveground rapid transit network usually running on former railway lines, comparable to the so-called S-Bahn in Germany.

Built between 1886 and 1890, the purpose of the next London underground line was again primarily to cross below the Thames. It was also

1912 Гамбург / Hamburg
1913 Буэнос-Айрес / Buenos Aires
1919 Мадрид / Madrid
1924 Барселона / Barcelona
1927 Токио / Tokyo
1933 Осака / Osaka
1935 Москва / Moscow

В то время как в Париже и Берлине большая часть линий метро находилась под землей, а на поверхности — лишь отдельные участки, в Нью-Йорке сначала победила надземка

форма до сих пор характерна для вагонов лондонского метро. А вот вагоны без окон не прижились: психологическая нагрузка, которой подвергались пассажиры, была слишком велика. Этот старый, открытый еще в 1890 году тоннель также до сих пор интегрирован в лондонскую транспортную сеть. Своей долговечностью он обязан немецкому инженеру Вернеру фон Сименсу, изобретшему в 1887 году электромотор, который и стал использоваться для приведения поездов в движение. Так появилась знаменитая the Tube, «труба», которая с течением времени претерпела не так уж много изменений: разве что сечение тоннеля было увеличено, чтобы пропускать вагоны большего размера. Идущие вдоль вагона сиденья, округлые окна, закругленные сверху двери до сих пор являются каноническими приметами лондонского метро.

По оформлению станции метро поначалу походили на железнодорожные, а концепцию единого специально разработанного дизайна первым реализовало парижское метро, о котором говорили с 1855 года, но открыли

лишь в конце XIX века. Придуманные Эктором Гимаром причудливые ограды и навесы входных павильонов в стиле ар нуво в сознании людей так тесно связаны с подземкой, что их растительные мотивы стали называть «стиль метро». 86 из выполненных по его проектам входов на 66 станциях сохранились до наших дней и заслуженно признаны памятниками архитектуры. Станции же двух надземных, замкнутых в кольцо линий 2 и 6 парижского метрополитена, также как и многочисленные мосты, наоборот, выполнены вполне функционально и до сих пор сохраняют очарование «ранней стальной» архитектуры. Подземные станции, как правило, имеют овальное сечение; опор нет, стены облицованы прямоугольными кафельными плитками, также как и переходы, которые в парижской системе полностью раздельных линий зачастую очень длинные, запутанные, со множеством лестниц. Реже встречаются станции с плоскими крышами, как правило, опирающимися на клепаные стальные колонны без обшивки, — они создавались там, где было необходимо

© Depositphotos.com/izanbar

история

bored with the help of a newly developed tunnel shield and featured two tunnels above each other at a deep level. Its small cross section of only three metres made it possible to keep the construction period short, but it required specially designed carriages with a rounded roof pulled far down on both sides; this is the shape the underground carriages of most London lines still have today, if slightly moderated. Windows were also added soon because passengers didn't handle the psychological effect of windowless carriages very well. Opened in 1890, this early tunnel is still part of the London underground network today. Its long lifespan is due to German engineer Werner von Siemens who in 1887 developed the electric motor used to drive trains. The tunnel is still called tube today and it didn't experience many changes over time, except the widening of its cross section to take in larger carriages. Their design with two long benches on each side as well as windows and doors slightly rounded at the top is still what the London underground looks like today.

The stations' design was initially inspired by the railway, but the Paris Métro, which had been discussed since 1855 but only opened at the end of the 19th century, was given its own special and uniform design. The floral shapes invented by Hector Guimard and the odd grates and roofs of the entrances follow the Art Nouveau style, but they are so widely associated with the underground railway that they are also known as Métro style today. At 66 stations, 86 entrances designed in such a way have survived and are listed as architectural monuments.

The two elevated ring lines 2 and 6 form a complete circle together, and their stations — just like the lines' many bridges, which often cut across several streets or even crossings — were designed in a very functional way and today stand as an example for the special appeal of early iron and steel architecture. The underground stations in Paris usually have an elliptical profile. They are column-free, equipped with side-boarding platforms and clad in the typical white, rectangular tiles with slightly flattened edges; just like the entrances and the passages, which in the Paris system of completely separated lines are often very long, twisted, and interrupted by

9

11

10

12

1950 Стокгольм / Stokcholm ◦
1954 Торонто / Toronto ◦
1955 Рим / Rome —Санкт-Петербург / Saint Petersburg ◦
1959 Лиссабон / Lisbon ◦
1960 Киев / Kiev ◦
1964 Милан / Milan ◦
1966 Монреаль / Montreal —Тбилиси — Tbilisi ◦

© Depositphotos.com/FedeCandoniPhoto

13 **Здание бывшей станции городской железной дороги «Карлсплац», Вена** (1894, арх. Отто Вагнер) /
Former station entrance Karlsplatz of Vienna Metropolitan Railway (1894, arch. Otto Wagner)

14 **Станция метро «Виттенбергплац», Берлин** (1902, арх. Альфред Гренандер)/
Wittenbergplatz station, Berlin (1902, arch. Alfred Grenander)

15 **Станция метро «Александерплац», Берлин** (1913, арх. Альфред Гренандер)/
Alexanderplatz, Berlin (1913, arch. Alfred Grenander)

16 **Станция метро «Бранденбургер тор», Берлин** /
Brandenburger tor station, Berlin

кроме двух главных путей проложить третий или даже четвертый. Необычной для парижской сети является станция «Гар де л'Эст» (Восточный вокзал) с четырьмя путями и двумя островными платформами, относящимся к двум параллельным в этом месте линиям: пересадка с одной на другую возможна без лестниц и переходов — редкая радость для пассажиров парижского метро. Позже возникли и другие варианты оформления станций, например, прямоугольными металлическими пластинами или малоформатной мозаикой. Относительно недавно появились образцы архитектурного оформления, как, например, на станции, расположенной под Лувром, где в стенных витринах демонстрируются копии произведений искусства, представляя тем самым коллекцию знаменитого музея.

Вскоре после парижского метро открылась первая подземка в Берлине и его тогда самостоятельном пригороде Шарлоттенбурге. В Германии архитектурному оформлению отдельных станций с самого начала уделялось большее внимание. Так, на станциях возводились входные павильоны, призванные

«задекорировать» конструкции зала, а к проектированию первой линии надземной железной дороги, открытой в 1902 году, привлекались лучшие архитекторы, которые создавали не только входные павильоны и сами станции, но даже такие, казалось бы, сугубо утилитарные элементы, как опоры путей и мосты. Среди архитекторов берлинского метро особенно выделяется молодой шведский проектировщик Альфред Гренандер. Сначала он работал в духе югендстиля (близкого родственника французского ар нуво), создавая билетные кассы и входы, ведущие к лестницам, причем для каждой станции придумывался отдельный эскиз. Эти ворота над каждой лестницей, как правило, увенчанные названием станции, до сих пор остаются характерной приметой берлинского метро. После Первой мировой войны дарование Гренандера раскрылось в полной мере — его творения теперь причисляются к лучшим образцам «новой функциональности» или «архитектурного модернизма». Вершина его творчества — двухэтажная подземная станция с четырьмя путями «Ноллендорфплац», пристроенная

stairs. There are only a few stations with flat slab ceilings, which are usually supported by unclad, riveted steel beams. These stations can be found mainly where for operational purposes a third or fourth track was necessary besides the two main tracks. Gare de l'Est station is peculiar in that it features four tracks with two centre platforms for two lines running parallel at this point, meaning that passengers can change trains without having to climb stairs or go along passages — a rare blessing in the Paris Métro. Other standard designs were given a go in later years, be it with rectangular metal plates or with small-format mosaic stones on a mesh base. Only lately have architectural designs such as those underneath the Louvre been added, where copies of artworks in display cabinets in the walls reference the museum collections above.

Shortly after the Paris Métro, Berlin and its then independent neighbouring city of Charlottenburg opened their first underground railway. Berlin put great emphasis on the architectural design of the individual stations right from the beginning. The stations were provided with an entrance building masking the concourse's purely functional structure, and for the new buildings of the first elevated railway opened in 1902, renowned architects were hired to not just design the entrance buildings and stations, but also such functional details as the support columns of the elevated railway and of whole bridges. Of these notable architects hired for the underground's construction, a young Swedish architect by the name of Alfred Grenander soon stood out. At first he followed the so-called Jugendstil (which is close to the French Art Nouveau) and created ticket booths and entrance gates to the stairs, creating an individual design for every station. Often displaying the station name, these entrance gates above every staircase are still typical of the Berlin underground today.

After World War I, Grenander developed a formal vocabulary that resulted in some of the best examples of the Neue Sachlichkeit (New Objectivity) or Neues Bauen (New Building) style. The two-storey, four-track Nollendorfplatz underground station, which was built as an extension to the side of the existing elevated railway station in the mid-20s and appears very dynamic with its slightly curved shape, represents a highlight of this design language. Another example are the stations of the north-south line that winds through the difficult terrain of the very densely built inner city, which on their inside have been reduced to the indispensable steel pillars, but with their differently coloured tiles and ceramic tiles all have a remarkably individual appearance.

Grenander knew how to build with all materials, be it bricks as in the entrance building of the Olympiastadion station, or the white Bauhaus Modernism style as in the Krumme Lanke station building that dissolves completely into glass doors and skylights (both built in 1929). During the 1920s, Grenander was the only architect designing for the Berlin underground — with one exception. One of the most beautiful stations came courtesy of Peter Behrens who designed the Moritzplatz station as a connecting station with a lower-lying railway line, which in the end wasn't built due to a change in plans. With four symmetrically organised entrances to a square distribution level from which two stairs led onto the underground platform featuring tiled pillars, the corners of which were protected by

14

© David Clapp/Arcaidimages.com

15

© Stefan Dauth/ARTUR IMAGES

16

© Depositphotos.com/anshar

в середине двадцатых годов к уже существовавшему наземному вокзалу. Интересны также станции ветки север-юг, которая вьется по максимально сложной местности крайне плотно застроенного центра города, — их внутреннее убранство сводится к стальным опорам, без которых невозможно обойтись, но благодаря разноцветным кафельным и керамическим плиткам каждая из них обладает собственной индивидуальностью.

Гренандер работал с любым материалом, будь то обожженный кирпич, как в здании станции «Олимпийский стадион», или бетон, как на «Крумме Ланке», где конструкции словно бы растворяются в свете, льющемся сквозь стеклянные двери и верхние окна (обе — 1929 год). В двадцатые годы Гренандер был единственным архитектором берлинского метро — с одним лишь исключением. Станцию «Морицплац» спроектировал Петер Беренс — как пересадочный узел с веткой железной дороги, которая в итоге так и не была построена. Четыре симметрично расположенных входа ведут на распределительный уровень, с которым платформу соединяют две лестницы. Покрытые кафельной плиткой опоры крыши, защищенные по углам алюминиевыми профилями, плоские потолочные светильники и, в первую очередь, специально разработанный, легко читающийся шрифт делают эту открытую в 1928 году станцию техническим и функциональным идеалом архитектурного модернизма Веймарской республики.

В то время как в Париже и Берлине большая часть линий метро находилась под землей, а на поверхности — лишь отдельные участки, в Нью-Йорке сначала победила надземка. С 1878 года с небольшими промежутками были построены участки линии север-юг над основными авеню. Всего за десять лет (1880-1890) количество пассажиров на линии длиной 32 мили увеличилось втрое, с 60 до 188 миллионов человек в год. Строительство надземной железной дороги (Elevated Railway, в народе кратко называвшейся EI), вызвало массовые протесты, но коррумпированные местные политики дали на него свое благословение. Однако уже к 1890 году стало понятно, что EI слишком досаждает городу, затемняя первые этажи домов и служа источником постоянного шума, и в 1891 году для создания метро была учреждена Комиссия по скоростным перевозкам (Rapid Transit Commission). Сначала частных инвесторов не было — никто не хотел рисковать. Однако уже в 1894 году количество пассажиров превысило миллиард, это больше, чем на всем железнодорожном транспорте всего американского континента! В 1904 году нью-йоркское метро было пущено в эксплуатацию. Изначально его оформлению уделялось большое внимание: станция «Сити-холл», например, давно выведена из эксплуатации, однако по-прежнему является посещаемой достопримечательностью. Эта станция была южной конечной, ее платформа имела форму крутой петли, такую же спроектировали и для станции «Саут Ферри». Однопутная станция с внешней платформой оформлена облицованными обожженным кирпичом куполами, отчего напоминает турецкие беседки. Всего было построено 133 такие станции; они давно исчезли, последняя беседка была разобрана в 1967 году.

17

© Depositphotos.com/Giovanni Gagliardi

18

Märkisches Museum

© Martin Foddanu/ARTUR IMAGES

19

Spittelmarkt

© Martin Foddanu/ARTUR IMAGES

aluminium profiles, and flat ceiling lights, but particularly also thanks to a specially developed, easily legible font, this station opened in 1928 put the technical and functional ideals of the Neues Bauen style in the Weimar Republic into practice.

While only some lines in Paris and Berlin were built as elevated railways and the far larger part extended underground, the elevated railway initially prevailed in New York. Already in 1878 and then very rapidly after each other, four north-south lines were erected above the most important avenues. Within a single decade, between 1880 and 1890, the number of passengers tripled from 60 to 188 million per year on the 32-mile network. The construction of the Elevated Railway, or "El" in common parlance, had caused massive protest, but was given the permit by corrupt local politicians. In 1890 it was already clear that the "El" created too much of a disturbance, particularly by taking light away from the ground floors of the houses and due to constant noise, which is why in 1891 the Rapid Transit Commission was founded to develop an underground railway network. Initially no one was interested in taking on the considerable risk of a private investment. After

all, the number of passengers already exceeded a billion in 1894, which was more than the complete railway traffic of the whole American continent!

The New York Subway started operating in 1904. An initial effort to give the subway facilities a design is still notable today. City Hall station, for example, was decommissioned a long time ago, but is still worth a visit. This station formed the south terminus and its platform was placed in the tight terminal loop, same as the South Ferry terminus later on. The single-track station with the platform on its far side was designed as a brick-clad vault slightly evocative of a Turkish kiosk. 133 were built all in all, prefabricated from cast iron. They disappeared long ago; the last kiosk was dismantled in 1967. In their place remain plain staircases next to the sidewalks, with no protection from wind or rain, where they had once seemed indispensable. The last lines of the "El" disappeared from Manhattan's streetscape at the same time. However, in the Brooklyn and Bronx districts there are subway routes that run above the streets on steel frames. The famous 125th Street station in Harlem is about four storeys above street level, because the Broadway

While only some lines in Paris and Berlin were built as elevated railways and the far larger part extended underground, the elevated railway initially prevailed in New York

© Raf Makda/VIEW/ARTUR IMAGES

© Bernhard Schultz

© Bernhard Schultz

На их месте остались скромные спуски с лестницами на краю тротуаров, без защиты от ветра и дождя, которая когда-то была обязательной. К слову, тогда же на Манхэттене убрали линии El. Впрочем, в Бруклине и Бронксе до сих пор есть участки метро, проложенные над землей, и, например, знаменитая станция метро на 125-й улице в Гарлеме расположена приблизительно на высоте четвертого этажа, т.к. Бродвей здесь идет вниз в долину реки Гарлем, а потом опять поднимается.

Последующие линии нью-йоркского метро строились уже без архитектурных амбиций. Гораздо важнее было приспособиться к геологическим условиям: к гранитному основанию полуострова Манхэттен и к сложному проходу под широкой и глубокой Ист-Ривер. Линии метро Манхэттена, повторяющие его идеально прямые улицы, прокладывались в голой скале, на глубине не

больше шести метров ниже уровня земли. При этом приходилось основательно укреплять уже существующие здания, т.к. котлованы делались очень большими, в расчете на четыре пути: два так называемых «местных пути» по бокам и два «экспресс-пути» посередине. В результате на станциях, где останавливались только местные поезда, были узкие боковые платформы, а на крупных станциях для экспрессов существовали также островные платформы с возможностью быстрой пересадки. Характерной особенностью нью-йоркского метро является одинаковая форма стальных опор крыши как в тоннелях, так и на остановках, а из-за того, что каждая поперечная балка поддерживается отдельно, на длинных платформах, рассчитанных на поезда с десятью вагонами, образуются плотные ряды опор. Входы, с тех пор как убрали павильоны, делаются просто с улицы, параллельно путям

или перпендикулярно им. Из этих элементов и складывается узнаваемый облик нью-йоркского метро — и нередко он производит гнетущее впечатление, как на описанной в начале картине Джорджа Тукера.

В период между войнами интересная архитектура метро развивалась в Лондоне. Основную роль в этом сыграли архитектор Чарльз Холден и художник-график Гарри Бек. Холден сконструировал около 40 зданий станций. Например, знаменитую «Арнос Гроув» он решил в виде гигантского кирпичного цилиндра, установленного на плоский цоколь, горизонталь которого подчеркнута лентами окон. Бек же неутомимо трудился над схемой метро. Начиная с первого эскиза, созданного в 1931 году, он годами и десятилетиями совершенствовал ее, включая все новые ветки по мере их создания. Секрет этой схемы, признанной по всему миру образцовой, в том,

1974 Сан-Паулу / Sao Paulo — Прага — Сеул / Seoul • •   1975 Сантьяго / Santiago — Харьков / Kharkiv — Ганновер / Hannover • •   1976 Брюссель / Brussels — Вашингтон / Washington—Вена/Vienna • •   1977 Марсель / Marseille—Ташкент / Tashkent

24

© Igor Son

descends down to the Harlem River valley here before ascending again on the other side.

The other New York Subway lines were built without the architectural ambition of the early days. A much more important issue was how to adapt to the geologic circumstances, the granite rock of the Manhattan peninsula, and how to cross underneath the wide and deep East River. The Manhattan lines followed the rectangular street layout and were built flatly onto the bare rock no more than six metres below street level. While doing so, existing buildings along the streets often had to be propped up because the construction pits — a peculiarity of the New York Subway — were usually made wide enough for four tracks, two so-called "local tracks" on the outside and the two "express tracks" in the middle. This also meant that stations where only local trains stopped had narrow side platforms, while the important express stations had centre platforms

that made it easy to change trains quickly and on the same level. One typical feature of the New York Subway is the uniformity of the steel supports inside the tunnels as well as in the stations, where every beam is supported individually, creating a close sequence of supports along the platforms dimensioned for trains up to a length of ten carriages. Since the shelters above the staircases have disappeared, the entrances open directly onto the streets, either parallel to the tracks or at a right angle in smaller side streets. These are the elements that make up the appearance of the subway station, and it often creates exactly the impression the George Tooker painting mentioned earlier transmits in such an oppressive manner.

London also developed a remarkable underground architecture in the interwar years. It was mainly architect Charles Holden and graphic designer Harry Beck who made London Transport a "work of art". Holden designed about 40 station

buildings forming independent local hubs in the suburbs of the wide London sprawl. One famous example is Arnos Grove station, where, on top of a flat substructure with long windows emphasising its horizontal shape, Holden placed a double-height brick cylinder loosened up by regular building-height rows of windows, themselves consisting of 15 square windowpanes in three rows. Beck on the other hand tirelessly redrew the line diagram again and again, which since his initial sketch in 1931 he had kept refining and adapting to new lines over the years and decades. Recognised as a model all over the world and often copied, the secret of this diagram is that it brings the actual layout of the network into a strictly rectangular order intersected by diagonals, but at the same time maintains the stations' geographical situation and the approximate distances between them.

The mastermind behind this corporate design development, which also included the sans-

© Depositphotos.com/krappweis

© Thomas Spier/ARTUR IMAGES

что она упорядочивает и спрямляет реальные линии, отображая при этом расположение станций и примерные расстояния между ними.

За развитие фирменного стиля, к которому относились в первую очередь разработанный еще в 1915 году типографом Эдвардом Джонсоном шрифт без засечек и обведенное красным кругом название станции, отвечало Управление лондонского городского транспорта, которое в 1933 году объединило все существовавшие в городе транспортные компании. В 1930 году Фрэнк Пик, управляющий Лондонского метро, и Холден отправились в ознакомительную поездку по Германии, где осматривали новейшие транспортные сооружения, в том числе и постройки Альфреда Гренандера в Берлине. Так что открытая в 1929 году станция «Гезундбруннен» вполне могла послужить прообразом зданий, возведенных Холденом несколько лет спустя. Возможны и более широкие градостроительные заимствования: например, «Саутгейт» на продолжении Пиккадилли типологически напоминает построенную Гренандером в Берлине станцию «Онкель Том Хютте» («Хижина дяди Тома»): обе окружены торговыми помещениями, что превращает их из сугубо транспортного объекта в многофункциональный. Правда, внешне лондонское сооружение решено не в пример экономичнее: Великобритания в то время предпочитала применять для облицовки сооружений метро обычный недорогой кирпич, тогда как административные здания отделывались дорогим белым известняком — в том числе и здание управления транспорта.

Безусловно, к выдающимся образцам архитектуры подземного транспорта 1930-х годов относится московское метро. Особое политическое значение подземки как проекта по формированию и упорядочиванию общества, а с архитектурной точки зрения как взгляд в будущее, на грядущее великолепие коммунизма, делает московское метро уникальным случаем в истории архитектуры (см. текст на стр. 160). Следует заметить, что несмотря на особенности московского проекта и общую изоляцию Советского Союза при Сталине, связи и контакты с другими городами, имеющими метро, все же существовали, за их опытом внимательно следили и анализировали его. Так, в специализированном журнале «Архитектура СССР» регулярно появлялись заметки, посвященные отдельным аспектам подземных железных дорог в Лондоне, Париже или Берлине, по большей части, правда, техническим. Например, показаны точные разрезы сложных пересадочных станций «Пиккадилли Сёркус» в Лондоне и «Репюблик» в Париже, хотя в Москве подобное соединение нескольких линий на расположенных друг под другом уровнях тогда еще не планировалось. Московское метро, в свою очередь, стало образцом для ленинградского, которое с 1955 года целенаправленно строилось по образу и подобию столичного, с большими зданиями станций или входами, очень длинными перегонами и сложным оформлением залов.

После Второй мировой войны, в Европе и США главным образом в 1960-1970 годы, в Азии и на Ближнем Востоке начиная с 1980-х годов, проекты метро с точки зрения архитектуры постепенно становятся все более сложными и интересными.

◆—— 1977 Амстердам / Amsterdam ◆—— 1978 Лион / Lion ◆—— Гонконг/Hong Kong—Рио-де-Женейро/Rio de Janeiro ◆—— 1979 Бухарест / Bucharest ◆—— 1981 Ереван / Yerevan — Киото / Kyoto ◆—— 1982 Хельсинки / Helsinki ◆—— 1984 Минск / Minsk

© Andreas Secci/ARTUR IMAGES

serif font "Johnson" designed by typographer Edward Johnson in 1915 and the station sign with the red circle, was the chairman of the London Passenger Transport Board (LPTB), in which the London public transport operators were gradually joined together from 1933 on. In 1930, Frank, the director of LTB, Pick and Holden made a study trip to Germany, remarkably, where they acquainted themselves with the newest transport facilities, for example by Alfred Grenander in Berlin. Grenander's 1929 design for the Gesundbrunnen station building, for example, may have inspired some of Holden's designs a few years later. At the 1933 Southgate station on the extension of the Piccadilly Line, Holden created an urbanistic solution by adding a round row of shops to the circular entrance building crowned by a glass lantern. Thus the station becomes a shopping centre, a concept that Grenander had realised in Berlin at Onkel Tom's Hütte station with two rows

of shops parallel to the two tracks. It is perhaps indicative of the Transport Board's economics that conventional, inexpensive brick was used here, while administrative buildings in London's inner city were clad in expensive Portland Stone — as was its own headquarters.

The most distinguished underground architecture of the thirties is certainly that of the Moscow metro. The metro's special political significance as a project for shaping and aligning the whole society and at the same time, from an architectural standpoint, as a preview of the future glory of communism makes it a singular venture in the history of architecture (see text at p. 160). Despite the special character of the Moscow project and the Soviet Union's general withdrawal under Stalin, there were connections and contacts to other cities with underground networks and the experiences made there were closely observed and analysed. For example, the

© Depositphotos.com/airtony

© Depositphotos.com/electropower

Станции метро воспринимаются как визитные карточки городов, подобно тому как в конце XIX века позиционировались драматические и оперные театры или музеи. Созданные после 1945 года сети метро уже не пересчитать. Все сложнее провести четкую границу между метро, трамваем и легкой железной дорогой, особенно с учетом того, что они проходят под землей только на отдельных отрезках своих веток. Легкие железные дороги и метро используют одни и те же тоннели и станции, а временами туда же прибывают и поезда дальнего следования.

Очень неординарная система метро возникла в Стокгольме, где скалистая горная порода использована как элемент оформления и частично оставлена необработанной. Единое оформление станций с использованием классических элементов, в частности кессонированных сводов тоннелей, демонстрирует метро в американской столице, Вашингтоне. Этот неоклассицизм вполне можно рассматривать как намек на программное использование древнеримских элементов в архитектуре ранней американской республики.

© Depositphotos.com /markovskiy

professional journal *Architektura SSSR* published contributions addressing individual aspects of the underground railways in London, Paris or Berlin, but mostly from a technical point of view. The complex connecting stations of Piccadilly Circus in London and République in Paris, for example, were depicted in detailed cross sections, even though there were no plans in Moscow at the time to connect several lines on several levels in such a way. The Moscow metro was copied in Leningrad, where an underground after the Moscow model went into operation in 1955, with large station buildings or entrances, very long distances between the individual stations and elaborate furnishing of the station concourses.

The underground projects in the time after World War II, mainly in the sixties and seventies in Europe and North America and since the eighties in Asia and even the Middle East, are usually well-designed in terms of architecture. Underground stations have become the landmarks of cities today, just like theatres, operas and public museums were in the 19th century. The number of underground networks developed since 1945 is hard to keep track of. It has also become harder to clearly distinguish underground railways from trams and light railways,

which are only underground in parts of their route, particularly as there are more and more hybrid forms. Light rail systems and undergrounds use the same tunnel stations, same as undergrounds and long-distance connections sometimes use parallel tunnels and serve the same stations.

A distinctive underground system was developed in Stockholm, where the rocky underground was used as a design element and in some places even left "unfinished". The metro in the US capital of Washington, D.C. is characterised by a uniform station design using classicist elements such as coffered barrel vaults in particular. It is by all means possible to interpret this neo-neoclassicism as an allusion to the programmatic usage of ancient Roman elements in the architecture of the early American republic. In Los Angeles in contrast, which for many decades left its transport requirements to individual motor car traffic and only many years later began to provide public transport of an appropriate capacity, the underground stations are held in colourful, playful shapes that evoke the "dream factory" of Hollywood as a brand for the larger metropolitan region. Bilbao in the Spanish north, which was hit

28–30 **Станции Стокгольмского метро / Subway stations in Stockholm**

Впрочем, далеко не везде
строительство метро
целесообразно, пусть
и возможно технически.
Оно великолепно подходит
для перевозки большого
количества людей,
однако, чтобы окупаться,
требует соответствующих
интервалов между
станциями и расстояний

В Лос-Анджелесе же, где потребности
в транспорте десятилетиями удовлетворялись
за счет личных транспортных средств, а создание
сети общественного транспорта началось очень
поздно, станции метро выдержаны в пестрых
игривых тонах, напоминающих о «фабрике
грез» Голливуде — главном бренде региона.
Повторяющееся оформление в духе
корпоративного дизайна выбрал серьезно
пострадавший в результате деиндустриализации
город Бильбао на севере Испании, проект метро
для которого, начиная от станций и входных
вестибюлей и заканчивая эскалаторами
и лифтами, создал Норман Фостер.

В то время как в Нью Йорке после войны
не строились заслуживающие внимания
новые участки, в «столицах метро» Лондоне,
Париже и Берлине проводилось значительное
расширение и уплотнение сетей. При этом

обновлялись и принципы оформления.
Например, лондонская Джубили-лайн,
пройдя с востока на запад, присоединила
к общей системе ранее плохо
освоенные в градостроительном
и транспортном отношении районы к югу
от Темзы, а ее просторные станции резко
отличаются от привычных, тесных и не
слишком удобных. В западной части Берлина
с пятидесятых годов шло непрерывное
расширение имевшейся сети. Станции
десятилетиями проектировались «придворным
архитектором» транспортного общества,
Райнером Г. Рюммлером. Его проекты
с течением времени становились все более
роскошными. Стремление привязать внешний
вид залов к соответствующему названию
станции привело в восьмидесятые годы
к прямо-таки постмодернистской

© Duccio Malagamba

© Duccio Malagamba

hard by de-industrialisation, chose to go with a universal design in the sense of a corporate design by constructing all stations of the new underground systems, their entrances and furnishing and even the escalators and lifts after a modular concept by British architect Norman Foster.

While there were no significant line expansions in New York after the war, the "classic" underground metropolises London, Paris and Berlin have been and are still considerably extending and densifying their networks. They have also changed some of their design principles while doing so. In London, the Jubilee Line is not only the first east-west connection including and revitalising districts south of the Thames which were underdeveloped in terms of urban development and traffic before, but also differs in the lavish proportions of its new stations from the conventional, usually cramped and not so easily accessible stations known before.

In West Berlin the existing network was continuously expanded since the fifties. Over several decades the stations were designed by the public transport operator's "own architect", Rainer G. Rümmler. His designs became more and more opulent over the years. The quest to design station concourses reflecting the station names resulted in an almost post-modern playfulness during the eighties. One station was tiled like an indoor swimming pool nearby, another was supposed to evoke the district's medieval history, and at Rathaus Spandau station, which was designed as a four-track to be able to hook up a future second line, Rümmler attempted to trump the equally opulent Hermannplatz station of 1926 with decorative tiles and fantasy capitals on the mighty pillars. Only after the reunification of Berlin in 1990 was the city government able to order the

© Duccio Malagamba

© Florian Monheim/Bildarchiv-Monheim/Arcaidimages.com

© Richard Bryant/Arcaidimages.com

© Tomas Riehle/ARTUR IMAGES

игривости. Например, одна из станций была вся облицована кафелем, как находящийся рядом бассейн; другая должна была напоминать о средневековом прошлом района, а на заложенной с расчетом на четыре пути для присоединения к будущей второй линии станции «Ратхаус Шпандау» Рюммлер предпринял попытку перещеголять роскошную станцию «Германнплац» 1926 года при помощи декоративной плитки и фасонных капителей на массивных колоннах. Лишь после объединения Берлина в 1990 году городскому правительству удалось настоять на том, чтобы транспортное общество объявляло открытые архитектурные конкурсы. В результате станции на идущей через

исторический центр города новой линии, которая еще только строится, создаются по эскизам таких архитекторов, как Майнхард фон Геркан, Аксель Шультерс и Макс Дудлер.

В последнее время заговорили о своих планах строительства метро города богатого Ближнего Востока. То, что необходимость копать мягкий текучий песок пустыни Аравийского полуострова больше не является непреодолимым препятствием, показывает, насколько существенный скачок совершил технический прогресс со времен первых лондонских тоннелей. Впрочем, далеко не везде строительство метро целесообразно, пусть и возможно технически. Оно

великолепно подходит для перевозки большого количества людей, однако, чтобы окупаться, требует соответствующих интервалов между станциями и расстояний. Многие европейские города средних размеров, форсировавшие строительство подземок ради удовлетворения своих амбиций, убедились, что пассажиры не хотят спускаться под землю ради поездки длиной в один-два километра, даже притом что подземное царство больше не выглядит таким неуютным, как на картине Джорджа Тукера 1950 года. Иными словами, девиз «метро любой ценой» сегодня уже не так актуален, хотя переоценить значение подземки для современных мегаполисов вряд ли возможно. Ⓢ

transport operator to hold open architectural competitions. As a result of this, the still-in-construction stations of the new line through the historic city centre are based on designs by Meinhard von Gerkan, Axel Schultes, and Max Dudler, amongst others.

Lately it has been the well-to-do centres of the Middle East, which have become a talking point with plans for underground railways. That it is no longer an insurmountable obstacle to dig tunnels in the soft, creeping desert sand of the Arabian Peninsula proves the technical progress achieved since early London tunnel construction. But even when technically feasible, underground railways do not make sense

everywhere. The underground is excellently suited to transporting large crowds of people. But it requires the necessary travel distances and station intervals to be economic. Many medium-size towns in Europe, which pushed themselves to build underground railways out of local pride, have been forced to acknowledge this fact in the meantime — also because passengers don't like to go underground for a trip of just one or two kilometres, even if it is not as barren anymore as in George Tooker's 1950 painting. In other words, the motto of "underground at any price" is not so relevant any more, although it is hardly possible to overestimate the importance of subway systems for modern cities. ⑤

34 Станция метро «Фербеллинер Плац», Берлин (1903) /
Fehrbelliner Platz station, Berlin (1903)

35 Станция «Эджвер-роуд», Лондон /
Edgware Road tube station

36 Станция метро «Бенсберг», Кёльн /
Subway Station Bensberg, Cologne

Будапештские близнецы
Budapest Twins

текст: Екатерина Шалина   **text:** Ekaterina Shalina

SPORAARCHITECTS

Станции метро «Фёвам тер» и «Сент Геллерт тер»
Fővám tér and Szent Gellért tér metro stations

объект / object
Станции метро «Фёвам тер» и «Сент Геллерт тер»
Fővám tér and Szent Gellért tér metro stations

адрес / location
Будапешт, Венгрия / Budapest, Hungary

архитектура / architecture
sporaarchitects

генпроектировщик / general architect
Palatium Stúdió

консультанты / consultants
Fömterv, Uvaterv, Mott-Macdonald

заказчик / client
Budapest Transport Ltd.

площадь участка / site area
3000 м²

общая площадь подземных объектов / the total area of underground facilities
7100 м² (каждая станция / each station)

общая площадь надземных объектов / the total area of above ground facilities
50 м² (каждая станция / each station)

общая стоимость / total cost
€ 25 000 000 (каждая станция / each station)

длина платформы / platform length
80 м (каждая станция / each station)

ширина платформы / platform width
29,8 м — «Сент Геллерт тер» / Szent Gellért tér
31,9 м — «Фёвам тер» / Fővám tér

проектирование / design
2005 – 2012

реализация / completed
2006 – 2014

©Tamás Bujnovszky

объект

Kijárat/Exit
Szent Gellért tér, Gyógyfürdő/Spa

© Tamás Bujnovszky

объект

В столице Венгрии, где проживают 1,8 млн человек, метрополитен в настоящее время насчитывает 38 км путей, 4 линии и 52 станции. Не самая развитая по современным меркам система, в истории метро она, однако, занимает особое место — как старейшая в континентальной Европе и первая в мире электрифицированная.
Сегодня подземка Будапешта вновь в центре внимания: здесь строится новая линия М4, заметно преобразующая город не только в транспортном, но и в архитектурном отношении.

Первая «желтая» линия Кишфёлдалатти (Kisföldalatti, «подземка» — венгр.) была пущена в процветающем промышленном центре Австро-Венгерской империи в 1896 году. На маршруте длиной 4,4 км, проложенном под центральной улицей Пешта — проспектом Дьюлы Андраши, уместились 11 станций. Строительство шло по инновационным технологиям — с использованием сборных секций («префабов») из стальных пластин, и линию сделали очень быстро — всего за 21 месяц. Однако после ударного почина дальнейшее развитие метро в Будапеште в силу политических и экономических обстоятельств застопорилось почти на полвека: проектирование возобновилось лишь при социализме, в 1950-х годах. В 1970-х были открыты вторая, красная (1970–1973) и третья, синяя (1976–1990) линии. Тогда же запланировали четвертую: зеленой ветке М4 предназначалось соединить левобережный Пешт, историческое и деловое сердце столицы, с юго-западом правобережной части — Буды, где возводился крупный спальный район Келенфёльд (Kelenföldi). Но стартовало строительство М4 лишь в 2006 году, а торжественное открытие десяти станций первого участка протяженностью 7,4 км состоялось в марте 2014-го. Реализация проекта, окрещенного скептиками «бесконечной историей», медлила главным образом из-за проблем с финансированием. В то же время шли профессиональные дискуссии. Высказывалось мнение, что линия нецелесообразно уплотняет подземную инфраструктуру Пешта, некоторые станции М4 практически дублируют уже существующие на М2 и М3 — столь незначительно расстояние между ними. Говорили и о том, что метро в историческом центре — не самый востребованный способ передвижения, и лучше было бы развивать подземное сообщение на других, периферийных участках.

Тем не менее траекторию ветки и расположение станций оставили прежними. Первый реализованный отрезок М4 оправдывал себя тем, что соединил две железнодорожные станции — удаленную Келенфёльд, принимающую

поезда из Вены, и центральный вокзал Келети в Пеште. Сохранилась и общая инженерная структура. Но планировочные решения, облик станций и в целом подход к проектированию изменились кардинально. В 1970-80-х главную роль в метростроительстве играли инженеры, и на первом плане стояли технические вопросы, а роль архитекторов сводилась к дизайну поверхностей. В начале «нулевых» городские власти осознали необходимость комплексного развития инфраструктурных объектов — с учетом урбанистического контекста и достижений мировой архитектуры. Идеи 30-летней давности были признаны морально устаревшими, и в 2003 году Городской совет Будапешта совместно с Палатой венгерских архитекторов провел открытый конкурс на дизайн М4. Задание предписывало отойти от типологий, характерных для станций М2 и М3, и уделить больше внимания архитектуре подземных пространств. Победителю —

3

© Tamás Bujnovszky

2 **Нижний вестибюль «Сент Геллерт тер»** украшен наклонной стеной, обшитой панелями из кортен-стали /
Lower lobby of the Szent Gellért tér station adorned with an inclined wall that is faced with Corten steel panels

3 **«Сент Геллерт тер».** Оставленный открытым конструктивный каркас подсвечен прожекторами /
Szent Gellért tér. Open structural frame illuminated by lamps

© Tamás Bujnovszky

Palatium Stúdió — рекомендовали привлечь к работе бюро, занявшие второе и третье места — BÉM and Antal Puhl. В команду M4 были также приглашены мастерские Sporaarchitects и Gelesz & Lenzsér. Каждая из пяти архитектурных компаний отвечала за разработку отдельных станций, но общий дизайн-код они сформировали сообща.

По сравнению с первоначальными решениями, предложенными инженерами, была увеличена высота подземных помещений. Ради ощущения простора и целостности объемов везде, где позволяли технические условия, архитекторы также избавились от леса колонн. Важным аспектом, регламентированным дизайн-кодом, стало обеспечение доступа естественного света на максимально возможную глубину. При выборе материалов оговаривался приоритет бетона, стекла, стали. В едином ключе следовало выполнить инфографику и рекламные площади. В остальном авторы были свободны и могли предложить свою концепцию, сообразную месту и характеристикам доставшегося им объекта.

Sporaarchitects достались две едва ли не самые сложные и ответственные станции — «Сент Геллерт тер» (Площадь Св. Герарда)

на правом берегу Дуная, в Буде, и ее визави на левом берегу, в Пеште, — «Фёвам тер» (Площадь Таможни). Фланкируя подводный отрезок пути, обе станции имеют приличную глубину (более 30 м) и по одному выходу в город. «Сент Геллерт тер» выходит к спуску с моста Свободы и подножию горы Сент Геллерт рядом с купальнями «Геллерт». Знаменитые с первой четверти XX века целебными минеральными источниками, сегодня купальни функционируют как фешенебельный спа-отель. Среди других бесспорных достопримечательностей, соседствующих со станцией, — возведенная Габсбургами крепость на горе Св. Герарда и Будапештский университет технологических и экономических наук. На противоположном берегу, по соседству с «Фёвам тер», находится другое крупное образовательное учреждение — университет Корвина. У него «за спиной» — легендарный Центральный рынок, произведение архитектора Саму Печи в духе неоготики (1897 г.). Кроме столь впечатляющего исторического контекста, архитекторам также предстояло учесть, что на базе «Фёвам тер» в ближайшем будущем планируется сформировать большой транспортно-пересадоч-

ный узел, объединяющий метро, автобусы
и речные трамвайчики.

Зеркальную позицию станций
Sporaarchitects обыграли, сделав их практически идентичными, почти близнецами.
Структурно, согласно инженерным планам, они
состоят из двух частей — вертикального бокса
с рифлеными бетонными стенами и прямоуголь-
ной платформы. Стены боксов поддерживают
на «Сент Геллерт тер» три, а на «Фёвам тер»
четыре уровня мощных балок из неотделан-
ного армированного бетона. На каждом уровне
балки перекрещиваются индивидуальным,
якобы случайным образом, образуя многослой-
ную сеть прихотливого плетения. По словам
самих архитекторов, их горизонтальные опоры
работают, как кости в скелетной системе. Весь
этот каркас сверху донизу открыт, сквозь него
идут эскалаторы, и таким образом обыденный
подъем или спуск в метро превращается в неза-
бываемое пространственное переживание.

На поверхности над «Фёвам тер» сооружены
фонари кристаллической формы, сквозь которые
на платформу проникает естественный свет. Про-
низывая бетонную паутину, он создает на своем
пути потрясающие эффекты кьяроскуро. Рисунку
балочных перекрестий вторят и длинные, узкие
потолочные светильники. Над «Сент Геллерт тер»
нет кристаллических фонарей, и балки подсвечены мощными прожекторами. Зато вход
в станцию отмечен объектом паблик-арта —
ломаной бетонной лентой, с одной стороны
оканчивающейся компактным стеклянным пави-
льоном над лестницей, ведущей в вестибюль,
а с другой — прозрачной шахтой лифта, про-
пускающей свет вниз, но не такими мощными
потоками, как люки станции-визави. Вестибюли
станций объединяет обшивка панелями
из кортен-стали.

Основное различие «близнецов» заклю-
чается в структуре и отделке платформ.
Существенная часть платформы и путей «Сент
Геллерт тер» перекрыта цилиндрическими сво-
дами, поддержанными двумя рядами пилонов.
Опоры и потолок, не прерываясь, покры-
вает узор, созданный художником Тамашем
Комороцки (Tamás Komoróczky). Вихрь из раз-
ноцветных полос на темном фоне визуально
закручивает пространство под центральным
сводом, отзываясь на тему скорости и огней про-
летающих по туннелям поездов. Динамичный
орнамент выполнен из керамической мозаики
старинной венгерской компании «Жольнаи».
Ее изделиями декорированы многие постройки
австро-венгерского сецессиона. И на «Сент
Геллерт тер» такой декор появился не случайно:
керамика «Жольнаи» украшает интерьеры
и крышу близлежащих купален «Геллерт». Подобные украшения могли появиться и на «Фёвам
тер», ведь из «Жольнаи» выполнена черепица
Центрального рынка, однако эту станцию
архитекторы предпочли связать с окружением
по-другому. Секции ее подземного пространства пропорциональны квартальной сетке улиц
Пешта, сложившейся в XIX веке.

Авторы подчеркивают, что создавали
не просто остановки метро, а настоящие обще-
ственные пространства. Сопоставимые по
масштабу с наземными, они кардинально
отличаются от эклектичного, ретроспективного
«верхнего» города, служа окнами в принципиально иной, ультрасовременный мир, который,
как надеются архитекторы, постепенно добе-
рется и до периферийных районов Будапешта.

5

6

© Tamás Bujnovszky

In the capital of Hungary, home to 1.8 million people, the metro currently has 38 km of track, 4 lines, and 52 stations. Not the most advanced system according to modern standards, however, in the history of the underground railway, it has a special place — it's the oldest in continental Europe and the world's first electrified subway. Today **Budapest's rapid transit system** is back in the spotlight: the new M4 line is being built, significantly transforming the city not only in transport, but also in architectural terms.

The first yellow line of the Kisföldalatti ("the underground" in Hungarian) was launched in the thriving industrial center of the Austro-Hungarian Empire in 1896. Eleven stations were fit in along a route of 4.4 km built under the main street of Pest, Andrássy Avenue. Construction involved the use of innovative technologies; prefabricated sections of steel plates were used and the line was completed very quickly, in just 21 months. However, after a dynamic beginning, further development of the metro in Budapest stalled for almost half a century because of political and economic circumstances: the design process resumed only under socialism in the 1950s. In the 1970s, the second and third lines were opened: the red (1970-1973), and

© Tamás Bujnovszky

the blue (1976-1990). The fourth was being planned at that time as well: the M4 green line was meant to connect the left-bank of Pest, the historical and business heart of the capital, with the south-western right bank of Buda, where the large residential district of Kelenföldi was being built. But construction of M4 began only in 2006, and the grand opening of the ten stations of the first stretch of 7.4 km was held in March of 2014. The implementation of the project, which was nicknamed by skeptics as "the never-ending story", was protracted mainly due to financial problems. At the same time there were heated professional debates. It was suggested that the line impractically compacted the

underground infrastructure of Pest, since some stations of M4 practically duplicate already existing M2 and M3 stations with such a short distance between them. Also discussed was the fact that the metro in the historic center is not the most in demand way to get around, and it would be better instead to develop underground links to other, peripheral areas.

Nevertheless the route of the line and the station locations were left unchanged. The first segment of M4 that was implemented vindicated itself by connecting two railway stations, the remote Kelenfëld where trains from Vienna arrive, and the Keleti central station in Pest. The overall engineering structure was preserved. But design

7   **Прозрачные перила эскалаторов** способствуют целостности визуального восприятия пространства /
    Translucent escalator handrails contribute to the cohesiveness of the visual perception of the space

8   **Благодаря зенитным фонарям** дневной свет пронизывает все уровни балочных конструкций станции **«Фёвам тер»** /
    Due to the skylights, daylight permeates throughout all the levels of the beam network at the **Fővam tér Station**

© Tamás Bujnovszky

9

© Tamás Bujnovszky

10

9   **Платформа станции «Фёвам тер»**
оформлена более аскетично, но
освещена дневным светом /
The platform of the Fővam tér station
is more austerely decorated, but lit with
daylight

10 **Мебель для станций** также была
разработана бюро Sporaarchitects /
The furniture for the stations was also
developed by Sporaarchitects

11 **Фрагмент мозаичного декора
«Сент Геллерт тер»**, разработанного
художником **Тамашем Коморо́цки** /
Detail of the mosaic decoration in Szent
Gellért tér, which was developed by the
artist **Tamás Komoróczky**

decisions, appearance of stations, and the whole
approach to the design in general changed
dramatically. In the 1970-80s engineers played
the main role in the construction of the metro,
and technical issues were at the forefront while
the role of architects was reduced to designing
the surfaces. In the beginning of the 2000s city
officials acknowledged the need for an integrated
development of infrastructure facilities, taking
into account urban context and achievements of
world architecture. The ideas from 30 years ago
were considered obsolete, and in 2003 the City
Council of Budapest, together with the Hungarian
Chamber of Architects held an open competition
for the design of M4. The task instructed to
depart from the typologies that were typical
for the stations of M2 and M3, and pay more
attention to the architecture of the underground
spaces. It was recommended that the winner,
Palatium Stúdi, involve the studios that took
second and third place, BÉM and Antal Puhl.
Sporaarchitects and Gelesz & Lenzsér were also
invited to work as part of the M4 team. Each of
the five architectural firms was responsible for
the development of individual stations, but the
overall design code they formed together.

Compared with the original designs that
were proposed by engineers, the height of the
underground spaces was increased. For a sense
of space and the continuity of volume everywhere,
where technical conditions would permit, the
architects also got rid of the forest of columns. An
important aspect regulated by the design code was
to ensure access of natural light to the maximum
possible depth. In selecting materials the priority
of concrete, glass and steel was stipulated.
Infographics and advertising space were to be
executed in a unified manner. In everything
else the authors were free and could offer their
own vision that corresponded to the place and
characteristics of the site that they received.

Sporaarchitects got perhaps the two most
difficult and important stations — Szent Gellért
tér (St. Gellért Square) on the right bank of the
Danube, on the Buda side, and its counterpart on
the left bank, in Pest — Fővam tér (Main Customs
Square). Flanking the underwater section of the
tracks, both stations have a considerable depth
(more than 30 m) and each have one exit to the
city. Szent Gellért tér exits out to the descent of
Liberty Bridge and the foot of Gellért Hill near the
Gellért Baths. The healing mineral baths famous
since the first quarter of the 20th century, function
today as a luxury hotel and spa. The fortress erected
by the Habsburgs on Gellért Hill and the Budapest
University of Technology and Economics are

© Tamás Bujnovszky

among the other indisputable attractions adjacent to the station. On the opposite bank near Fővam tér is another major educational institution — the Corvinus University of Budapest. Located behind it is the legendary Central Market designed by the architect Samu Pecz in a neo-Gothic style (1897). In addition to such an impressive historical context, the architects also had to take into account that in the near future within the framework of Fővam tér a large transport hub, combining the metro, buses and river buses was planned to be built.

Sporaarchitects played up the mirrored position of the stations, making them practically identical, almost twins. Structurally, according to engineering plans, they are composed of two parts — a vertical box with corrugated concrete walls and a rectangular platform. The walls of the boxes hold up three levels of beams of unfinished reinforced concrete at Szent Gellért tér, and four levels at Fővam ter. At each level the beams cross in particular ways, as if at random, forming a multi-layer network of whimsical weaving. According to the architects themselves, their horizontal supports work like bones in a skeletal system. This whole structure from top to bottom is open with escalators going through it, and thus the ordinary ascent or descent into the metro turns into a memorable spatial experience.

On the surface of Fővam tér there are crystal shaped skylights through which natural light filters down to the platform level. On its way down the light penetrating the concrete web creates stunning effects of chiaroscuro. The pattern of the beam cross lines are echoed by long, narrow ceiling lights. Over Szent Gellért tér there are no crystal skylights, and the beams are illuminated by powerful spotlights. The entrance to the station is marked by a public art object — a sloping concrete ribbon which on one side terminates in a compact glass pavilion over the stairs leading to the lobby, and on the other side — a translucent elevator shaft, transmitting light down, but not in as powerful streams as the openings of its counterpart. The lobbies of the stations are unified by siding panels of corten steel.

The main difference between the "twins" is in the structure and finishing of the platforms. A significant part of the platform and tracks of Szent Gellért tér is covered by cylindrical arches which are supported by two rows of pylons. Supports and ceiling are without interruption covered in a pattern created by the artist Tamás Komoróczky.

The whirlwind of colored bands on a dark background visually twists the space under the central arch, calling forth the themes of speed and lights flying through a train tunnel. The dynamic ornament is made of ceramic mosaics by Zsolnay, an old Hungarian company. Many buildings in the style of Austro-Hungarian Secession are decorated with its products. And such decor at Szent Gellért tér did not appear by chance: Zsolnay ceramics decorate the interior and roof of the nearby Gellért Baths. These decorations could have also appeared at Fővam tér because the roofing tiles of the Central Market are also made of Zsolnay, however the architects preferred to associate this station with the surroundings in a different way. The section of its underground space is proportional to the cross section of the streets of Pest formed in the 19th century.

The authors emphasize that they have created not just a metro stop, but a real public space. Comparable in scale to the above ground, they are dramatically different from the eclectic, historical "upper" city, serving as windows in a fundamentally different, ultra-modern world, which, as the architects hope, will gradually reach to the outer districts of Budapest.

© Tamás Bujnovszky

© Tamás Bujnovszky

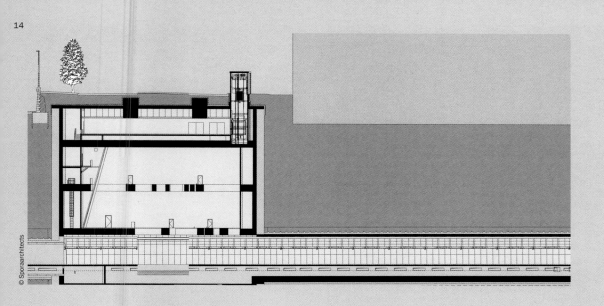

14

© Sporaarchitects

12–13 **Фонари** из стекла и кортен-стали над станцией **«Фёвам тер»** /
Lights made of glass and corten steel above the **Fővam tér** station

14 **«Фёвам тер». Разрез** /
Szent Gellért tér. Sectional drawing

15 **«Сент Геллерт тер». Разрез** /
Fővam tér. Sectional drawing

16 **«Фёвам тер». План платформы** /
Fővam tér. Platform plan

17 **«Фёвам тер». План уровня «Платформа + 1»** /
Fővam tér. Plan of the "platform + 1" level

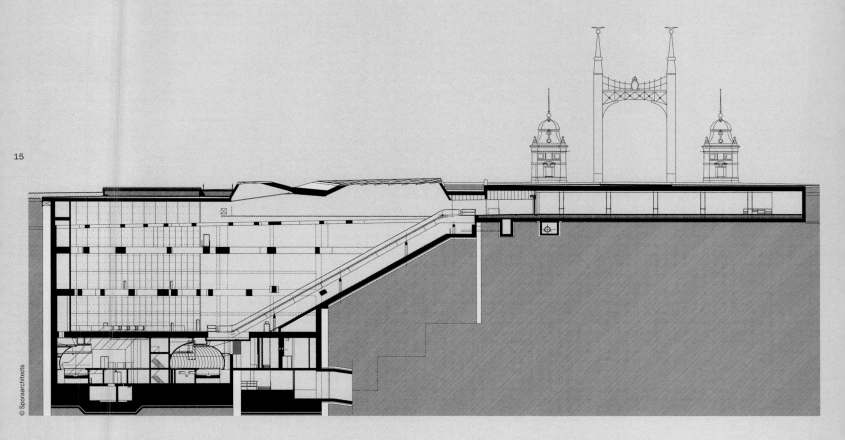

15

© Sporaarchitects

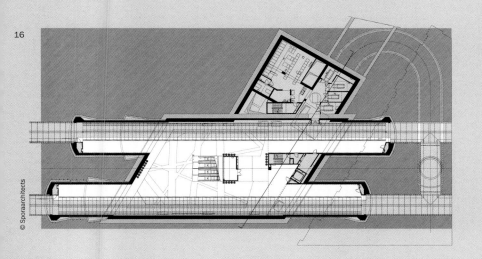

16

© Sporaarchitects

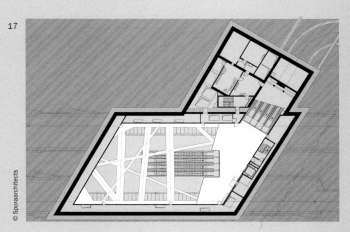

17

© Sporaarchitects

© Tamás Bujnovszky

18–20 **Вход в «Сент Геллерт тер»**
отмечен ломаной бетонной лентой
и оригинальной скамьей в виде
цельного ствола дерева /

Entrance to Szent Gellért tér is marked
by a sloping concrete ribbon and a
distinctive bench in the form of a whole
tree trunk

© Tamás Bujnovszky

© Tamás Bujnovszky

21 Торец центральной части платформы
«Сент Геллерт тер» /
Sidewall of the central part of the
Szent Gellért tér platform

Путеводный фонарь
A Guiding Lantern

текст: Анна Мартовицкая / **text:** Anna Martovitskaya

MACCREANORLAVINGTON:MLA+

Станция метро Kraaiennest
Kraaiennest metro station

объект / **object**
станция метро Kraaiennest   Kraaiennest metro station

адрес / **location**
Байлмер, Амстердам, Нидерланды / Bijmermeer, Amsterdam, Netherlands

архитектура / **architecture**
MaccreanorLavington:MLA+

заказчик / **customer**
DIVV, Stadsdeel Zuidoost, GVB

инженерия / **engineering**
Ingenieursbureau Amsterdam

консультант по освещению / **lighting consultant**
Beersnielsen Lichtontwerpers

генподрядчик / **general contractor**
Strukton Bv

общая площадь / **total area**
2430 м²

общая стоимость / **total cost**
€ 14 000 000

проектирование / **design**
2009-2010

реализация / **completed**
2011-2013

ZONE
30

© Luuk Kramer

© Luuk Kramer

Станция метро Kraaiennest
в Амстердаме, реконструированная
в прошлом году по проекту
архитектурного бюро
MaccreanorLavington:MLA+,
пример того, как даже очень
небольшой по своему масштабу
объект способен дать импульс
качественного преобразования
целого района.

Kraaiennest — предпоследняя станция линии
53 амстердамского метро, связывающей
центр города с его юго-восточной окраиной.
Именно здесь расположен район Байлмер
(Bijlmer), вошедший в историю Нидерландов
как несостоявшийся город-сад. Байлмер был
заложен в начале 1960-х как самостоятельная
административная единица и проектировался
как идеальное поселение, в котором хватит
места для всех. Однако его удаленность от
центра, столь свойственный 1960-м гигантизм
сооружений и пространств и отсутствие
развитой инфраструктуры свели на нет
красивые мечты: все жители Байлмера, которые
могли себе позволить переезд, очень быстро

это сделали, и основными «потребителями»
модернистской утопии стали многочисленные
иммигранты. Байлмер потерял статус города
и был присоединен к амстердамскому району
Зейдост, а обидный ярлык «гетто» приклеился
к нему на несколько десятилетий. Лишь
в 1990-е годы, когда репутация района
уже заставляла обывателей объезжать
его стороной, власти города взялись за
кардинальное обновление его среды.
Нарочито укрупненный масштаб застройки
стали постепенно «очеловечивать», встраивая
в существующие гигантские кварталы
дополнительные элементы инфраструктуры
и создавая новые центры социального

© Luuk Kramer

притяжения. Флагманом обновления стал стадион легендарного амстердамского клуба «Аякс», построенный в Байлмере в 1996 году (кстати, это первая в Европе арена с трансформируемой кровлей). Затем в кварталах вокруг него выросли торгово-развлекательные центры, новые жилые объекты, школы и даже собственный театр (очаровательный Park Theater архитектора Пола де Рюйтера, в котором есть не только привычная сцена, но и отдельный зал для цирковых представлений), а в 2008 году по проекту Николаса Гримшоу была закончена железнодорожная станция «Байлмер Арена» — новые транспортные ворота района, 8 путей

которых не только сделали Байлмер гораздо ближе к центру Амстердама, но и связали его напрямую со всеми основными городами страны. Реконструкция станции метро Kraaiennest была последним этапом комплексной программы реновации Байлмера: в 2009 году она стала предметом архитектурного конкурса, который выиграло британско-голландское бюро MaccreanorLavington:MLA+.

Сама станция была построена в 1970-е, и, в общем, этим все сказано. Железнодорожное полотно проложено на виадуке, поднятом над землей на 11 метров на брутальные бетонные опоры. Там же располагалась и станция: безликая платформа, над ней такой же безликий

2   **Продуманная подсветка входного вестибюля и платформы** делают обновленную станцию заметным ориентиром в вечернее время/

Sophisticated lighting of the entrance lobby and platform makes the updated station a prominent landmark during the evening

3   **Ограждения выполнены из стальных панелей, на которые с помощью лазера** нанесен филигранный сквозной орнамент/

The enclosure is made of steel panels onto which an intricate ornament was applied by a laser

4 **Архитекторы сохранили над платформой козырек,** выкрасив его внутреннюю поверхность в насыщенно-красный цвет /
The architects preserved the canopy over the platform, and painted the inner surface in a rich red color

5 **Сама платформа и ее мебель** решены подчеркнуто лаконично /
The platform itself and its furnishing were worked out in a pointedly succinct way

козырек. Она, мягко говоря, не пользовалась большим успехом у населения: между опорами гулял ветер и постоянно селились бездомные, кроме того, с землей станция была связана только лестницей, что делало ее малодоступной сразу для нескольких категорий пассажиров. Когда в 2005-м власти города объявили архитектурный конкурс, в техническом задании они специально оговорили необходимость сделать Kraaiennest не только более удобной, но и более привлекательной внешне. Проект MaccreanorLavington:MLA+ превзошел все ожидания: архитекторы предложили простой и в то же время беспроигрышный вариант превращения объекта транспортной инфраструктуры в новый опознавательный знак района.

Как признаются сами архитекторы, свою основную задачу они видели в том, чтобы «переформатировать» существующую станцию, избавив ее от имиджа небезопасного и неудобного места. Поэтому прежде всего они переосмыслили саму планировочную структуру станции. И если раньше вся инфраструктура (турникеты, билетные кассы и пр.) находилась на платформе, к которой с земли вела безликая и довольно крутая лестница, то теперь ее было решено разместить на уровне земли, между опорами. Там же появились эскалаторы и лифт. Естественно, оставить все это без ограждений было никак нельзя — бездомные и хулиганы являются неотъемлемой частью этого района, по крайней мере, пока, поэтому фактически архитекторы вписали между существующими опорами аккуратный закрытый параллелепипед. Предельная лаконичность выбранной формы как нельзя лучше соответствует исходной эстетике станции, но впечатление при этом она создает совершенно иное — благодаря решению фасадов. Поскольку ограждения следовало сделать антивандальными, архитекторы остановили свой выбор на панелях из нержавеющей стали, на которые с помощью лазера нанесен филигранный сквозной орнамент. Было разработано более десяти вариантов этого узора, и в итоге MaccreanorLavington:MLA+ остановились на абстрактном флористическом мотиве — как поясняют сами авторы, он, с одной стороны, универсален, а с другой, напоминает арабские узоры, что более чем актуально, если учесть этнический состав района и расположенную в непосредственной близости от станции мечеть.

Такое решение позволило ответить сразу на несколько вопросов. Во-первых, оно бюджетно — «профессиональные» антивандальные материалы стоят гораздо дороже. Во-вторых, тонкий искусный рисунок контрастирует с массивными опорами метромоста, заметно смягчая их брутальность. И, конечно, позволяет дневному свету проникнуть во вновь созданный вестибюль станции. Игра светотени в любую погоду привно-

© Luuk Kramer

© Luuk Kramer

сит в его пространство интересную визуальную интригу. А в темное время суток вестибюль с помощью подсветки превращается в «латерна магика», делая станцию заметным ориентиром в панораме района. При этом важно подчеркнуть, что ажурными панелями архитекторы заполняют отнюдь не все пространство от земли до виадука: наоборот, они делят его на два условных этажа, прозрачным из которых становится только «первый», тогда как «второй» облицован глухими металлическими прямоугольниками. С одной стороны, это позволяет скрыть «исподнее» опор и путепровода, а с другой, делает объем более сомасштабным пассажирам.

По контрасту с ажурными стенами наземного вестибюля сама станция решена более лаконично. В ее облике доминирует белый цвет, а дизайн скамеек, билетных автоматов и урн отличается практичной сдержанностью. Архитекторы сохранили над платформой козырек, но сделали его более основательным и самодостаточным. Если раньше это был сугубо утилитарный элемент, то теперь, благодаря обшивке стальными листами, он приобрел отчетливое сходство с плитой, приподнятой над поездами на тонкие

опоры. При этом его внутреннюю поверхность MaccreanorLavington:MLA+ выкрасили в насыщенно-красный цвет и усеяли множеством тонких «строчек» светильников: днем этот цвет присутствует в панораме лишь намеком, так как не со всех ракурсов виден, но вот ночью козырек превращается в абстрактную скульптуру, словно парящую над путями и, благодаря яркому тону, заметную издалека.

«Мы с пиететом относимся к историческим станциям московского и парижского метро, которые стали ярчайшими произведениями архитектуры своего времени, и убеждены в том, что традиция уделять первостепенное внимание облику транспортных объектов не должна прерываться», — признаются авторы. И судя по проекту Kraaiennest, их слова не расходятся с делом: станция получила награду Королевского института британских архитекторов как одно из двенадцати лучших произведений архитектуры 2014 года. Правда, сами MaccreanorLavington:MLA+ куда более красноречивым признанием своих заслуг считают тот факт, что новая станция до сих пор не покрыта граффити, — ведь это значит, что она пришлась населению Байлмера по душе.

6 **Узор, украшающий фасады входного вестибюля, напоминает арабские узоры –** таким образом архитекторы учли этнический состав района и расположенную рядом мечеть /

The pattern adorning the facades of the entrance lobby is reminiscent of Arabic patterns – in this way the architects took into account the ethnic composition of the district and the adjacent mosque

© Luuk Kramer

The Kraaiennest metro station in Amsterdam, which was renovated last year by the architectural firm MaccreanorLavington:MLA+, is an example of how even a very small site is capable of stimulating a quality transformation of a whole neighborhood.

7 **Филигранный рисунок контрастирует с массивными** опорами метромоста, заметно смягчая их брутальность /

The intricate pattern contrasts with the massive pillars of the metro bridge, significantly softening their brutality

Kraaiennest is the second to last station of line 53 of the Amsterdam metro, connecting the city center with its south-eastern edge. It is here that the Bijmermeer (colloquially known as Bijlmer) neighborhood went down in Netherlands history as the unfulfilled garden city. Bijlmer was founded in early 1960 as an independent administrative unit and was designed as an ideal settlement, with enough space for everyone. However, its distance from the center, the so typical of the 1960s excessive growth of buildings and spaces, and the lack of infrastructure undermined the beautiful dreams. All Bijlmer residents who could afford to move out of there did it very quickly, and the main "consumers" of modernist utopias became numerous immigrants. Bijlmer lost its city status and was annexed to the Amsterdam Zuidoost neighborhood, while the insulting label of "ghetto"

stuck for several decades. It was only in the 1990s, when the reputation of the neighborhood forced ordinary people to go around it, that the city undertook a radical renewal of its environment. The markedly large scale housing development was gradually begun to be "humanized" by building additional infrastructure elements and creating new centers of social attraction in the existing giant neighborhoods. The flagship of the renewal became the stadium of the legendary Amsterdam football club Ajax, built in Bijlmer in 1996 (incidentally, it is Europe's first arena with a convertible roof). Then, in the neighborhoods around it sprouted up shopping centers, new residential buildings, schools, and even its own theater (the charming Park Theater by architect Paul de Ruiter, which not only has the usual stage, but also a separate chamber for circus

performances), and in 2008 the Bijlmer Arena railway station designed by Nicholas Grimshaw was completed — as the neighborhood's new transport gateway, the 8 tracks not only made Bijlmer much closer to the center of Amsterdam, but also linked it directly with all the major cities of the country. Reconstruction of the Kraaiennest metro station was the last stage of a comprehensive program for the renovation of Bijlmer: in 2009, it became the subject of an architectural competition which was won by the British-Dutch firm MaccreanorLavington:MLA+.

The station was built in the 1970s, and in essence, that's all there is to it. The railway bed was laid on a viaduct elevated 11 meters above the ground on brutal concrete pillars. The station was situated right there: a characterless platform and above it a characterless canopy. To put it mildly, it

© Luuk Kramer

После реконструкции на станции появились эскалаторы и лифт

After reconstruction escalators and elevators appeared at the station

© Maccreanor Lavington:MLA+

© Maccreanor Lavington:MLA+

объект

was not used with great success by the population: between the pillars it was windy and constantly occupied by the homeless, and in addition, there were only stairs connecting the station to the street level, making it inaccessible for several categories of passengers. When the city authorities announced an architectural competition in 2005, in the specifications, they specifically mentioned the need to make Kraaiennest not only more convenient, but also more attractive in appearance. The project by MaccreanorLavington:MLA+ surpassed all expectations: the architects proposed a simple and at the same time, a surefire conversion of transport infrastructure into a new landmark of the neighborhood.

As the architects themselves acknowledge, they saw their main task as "reformatting" the existing station, redeeming it from the image of an unsafe and uncomfortable place. So to begin with they redefined the very layout of the station. If before all infrastructure (gates, ticket offices, etc.) was located on the platform, which from the ground was reached by characterless and fairly steep stairs, then now it was decided to place infrastructure on the ground level between the pillars. Escalators and an elevator also appeared. Of course, it was not possible to leave all of this without fencing — homeless and hooligans are an inescapable part of the neighborhood, at least for now, so for all practical purposes the architects added an orderly closed box between the existing pillars. The overall compactness of the selected shape aptly corresponds to the original aesthetics of the station, but the impression it creates is completely different due to the design of the facades. Since the enclosure ought to be anti-vandal, the architects chose panels of stainless steel, onto which a perforated intricate ornament was applied with a laser. More than ten variations of this pattern were developed, and finally MaccreanorLavington:MLA+ settled on an abstract floral motif — as the authors explained, on the one hand it is universal, and on the other, it is reminiscent of Arabic patterns, which is quite relevant given the ethnic composition of the neighborhood and the mosque located in the immediate vicinity of the station.

This decision solved several issues at once. Firstly, it is cost effective — "professional" vandal-proof materials are much more expensive. Secondly, the thin delicate design contrasts with the massive pillars of the metro bridge, significantly softening their brutality. And, of course, it allows daylight to penetrate into the newly created station lobby. The game of light and shadow in any weather brings an interesting visual intrigue to the space. And when it is dark outside, the lobby with the help of illumination becomes a "Laterna Magica", making the station a prominent landmark in the neighborhood's landscape. It is important to emphasize that the architects nowhere near filled all the space from the ground to the viaduct with the openwork panels: on the contrary, they divided it into two simulated floors, of which only the "first" is see through, while the "second" is faced with solid metal rectangles. On the one hand, it allows you to hide the "undergarments" of the pillars and viaduct, and on the other, it makes the volume more on the scale of the passengers.

In contrast to the openwork walls of the ground lobby, the station itself is designed more succinctly. The color white dominates its appearance, while the design of benches, ticket machines and waste bins is characterized by practical restraint. The architects preserved the canopy over the platform, but made it more profound and self-contained. If earlier it was a purely utilitarian element, then now raised over

© MaccreanorLavington:MLA+

the trains on thin columns, thanks to stainless steel paneling it acquired a distinct resemblance to the plating. In addition, MaccreanorLavington:MLA+ painted the inner surface in a rich red color and dotted it with many thin "lines" of light fixtures: during the day there is just a hint of this color present in the landscape, since it is not visible from all angles, but at night the canopy turns into an abstract sculpture, as if floating over the tracks, and thanks to the bright tone, it is noticeable from afar.

"We have reverence for the historic stations in Moscow, and the Paris metro, which became the most striking works of architecture of their time, and we are convinced that the tradition to prioritize the appearance of transport facilities should not be discontinued," the authors declared. And judging by the Kraaiennest project, their words are in line with their deeds: the station received an award by the Royal Institute of British Architects as one of the twelve best works of architecture in 2014. Though MaccreanorLavington:MLA+ themselves consider a much more eloquent recognition of their services the fact that the new station has not yet been covered by graffiti, — surely it means that the population of Bijlmer has taken a liking to the station.

9–11 **Благодаря придуманному декору, игра светотени** в любую погоду привносит в пространство вестибюля интересную визуальную интригу /

Due to the planned decorative components, the game of light and shadow in any weather brings an interesting visual intrigue to the lobby space

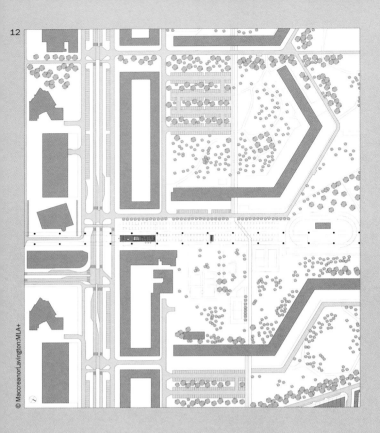

© Maccreanor Lavington:MLA+

13

© Maccreanor Lavington:MLA+

14

© Maccreanor Lavington:MLA+

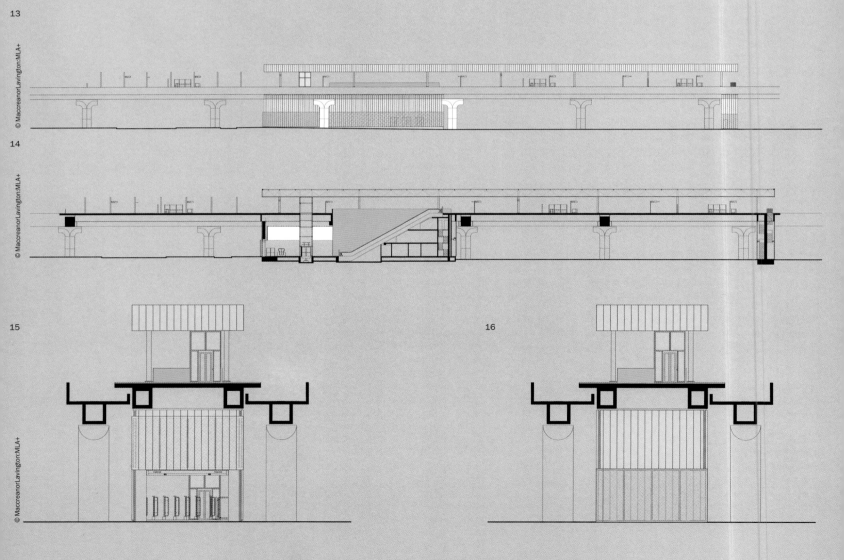

15

16

© Maccreanor Lavington:MLA+

© MaccreanorLavington:MLA+

© MaccreanorLavington:MLA+

© Luuk Kramer

19 Козырек поддержан тонкими **опорами**, которые архитекторы выкрасили в черный цвет

The canopy is supported by slender columns which the architects painted black

© Luuk Kramer

© Luuk Kramer

© Luuk Kramer

© Luuk Kramer

20 Новый наземный вестибюль
архитекторы вписали между
существующими опорами путепровода /

**The architects placed the new ground
lobby** between the existing pillars of the
overpass

**21 Многочисленные светильники,
вмонтированные в козырек**, делают
станцию очень светлой

**Numerous lights built-in into the
canopy** make the station very bright

**22 Вид на платформу от эскалаторов /
View of the platform from the
escalators**

**23 Использование сплошных
металлических панелей в сочетании
с ажурными позволяет скрыть
основание опор** и путепровода и
сделать объем вестибюля более
сомасштабным пассажирам /

**The use of solid metal panels combined
with delicate panels hides the
supporting structure and the overpass,**
and makes the lobby volume more on the
scale of passengers

© MaccreanorLavington:MLA+

24 Инженерия вынесена в отдельный объем, разместившийся с обратной стороны входного вестибюля и оттого не бросающийся в глаза. 3D-визуализация

The engineering is placed in a separate volume, housed in the back side of the entrance lobby and therefore inconspicuous. 3D-visualization

Симфония цвета на большой глубине

A symphony of colors at a great depth

текст: Бернхард Шульц / **text:** Bernhard Schultz

RAUPACH ARCHITEKTEN

Станция метро «Хафенсити Университет» /
Hafencity Universität metro station

объект / object
Станция метро «Хафенсити Университет» /
Hafencity Universität metro station

адрес / location
Хафенсити, Гамбург, Германия / Hafencity, Hamburg, Germany

архитектура / architecture
Raupach architekten

заказчик / client
Hochbahn AG

генподрядчик / general contractor
Agather Bielenberg

консультант по освещению / lighting consultant
Pfarré lighting design

общая площадь / total area
2 300 м²

общая стоимость / total cost
€ 6 100 000

проектирование / design
2005

реализация / completed
2012

1 Станция метро «Хафенсити
Университет», общий вид /
Hafencity Universität metro station,
general view

© Markus Tollhopf

© Markus Tollhopf

Там, куда не проникает дневной свет, свет искусственный приобретает первостепенное значение, особенно если речь идет об общественном подземном пространстве. Проектируя станцию метро **«Хафенсити Университет»**, бюро raupach architekten не просто учли это обстоятельство, но именно освещение сделали визитной карточкой своего объекта.

Градостроительный проект «Хафенсити» относится к крупнейшим девелоперским проектам современности, направленным на реновацию промзон. Теряя порт, который столетиями формировал облик города, Гамбург взамен получает яркий оригинальный район с многочисленными рукотворными гаванями и каналами, на берегах которых теперь нет ни складов, ни контейнеров, ни кранов — на их месте возникли жилые и офисные здания с видом на воду, а также раскрытые на реку площади и скверы.

Как правило, подобные градостроительные проекты включаются в существующую транспортную сеть. В Гамбурге произошло иначе.

В генплане района Хафенсити, расположенного к югу и юго-востоку от центра города, с самого начала была собственная детально проработанная транспортная инфраструктура. Наряду с новыми улицами, которые многочисленными мостами присоединяются к существующим, основой сети общественного городского транспорта стала новая линия метро, пересекающая весь Хафенсити. Она начинается от Главного вокзала в центре города и по широкой дуге проходит под водами реки Альстер, т.е. находится значительно ниже уровня грунтовых вод. Весь участок выполнен щитовой проходкой в виде двух параллельных тоннелей глубокого заложения. К настоящему времени построены две

объект

подземные станции — «Überseequartier» и «Хафенсити Университет». Последняя сейчас является конечной, а ее название указывает на честолюбивое намерение Гамбурга разместить в новом районе университет, который призван обогатить среду, сформированную преимущественно офисами и дорогостоящим жильем. Первое здание Университета Хафенсити (HCU) находится в непосредственной близости от станции метро — сейчас оно стоит в одиночестве посреди котлованов, отсыпок и уходящих в никуда улиц. Однако именно такое на первый взгляд преждевременное подключение к линии метро наилучшим образом способствует развитию других запланированных градостроительных проектов и предотвращению спада, часто наступающего после изначальной девелоперской эйфории.

Конкурс на проект станции метро в 2005 году выиграло мюнхенское архитектурное бюро raupach architekten: уже в 2008-м проект начал реализовываться, в конструкциях станция была возведена за два года и еще два года заняли отделочные работы. Она построена открытым способом на глубине 16 м, что позволило поднять потолок на целых 8,5 м. Промежуточные уровни для распределения пассажиропотоков расположены с обоих торцов 200-метрового зала.

Ключевым элементом оформления станции «Хафенсити Университет» raupach architekten сделали огромные светильники в виде прямоугольных боксов квадратного сечения, подвешенные над серединой платформы по всей длине зала. Сами архитекторы называют их «световыми контейнерами»: каждый бокс имеет слегка скругленные углы и с помощью тонких швов визуально поделен на три части, что несколько скрадывает его истинные габариты.

Нижняя грань контейнеров обеспечивает белую подсветку платформы. Остальные грани также выполнены как матовые светильники, однако установленные здесь люминесцентные лампы содержат все цвета спектра, обеспечивая гармоничный переход от одного к другому. Собственно, именно эти цветовые переливы и формируют облик станции. Как поясняют авторы, их проект «ассоциативно реагирует на самобытность портового города, на меняющие цвет в зависимости от времени года и суток кирпичные фасады, стальные корпуса кораблей и модули транспортных контейнеров».

Многообразие световых сценариев скрашивает как ожидание поезда (сейчас оно составляет 10 минут), так и время, необходимое вновь прибывшим на то, чтобы сориентироваться на станции и выбрать нужный выход.

Добавим к этому, что в выходные непрерывная смена цветов перестает быть бесшумной. В определенные часы станция метро превращается в сцену, на которой разворачивается целое светомузыкальное представление по образцу столь популярных во Франции инсценировок «son et lumière». В это время цвет меняется не только от одной составляющей к другому, но и в каждой из трех частей каждого составного блока, благодаря чему под звуки классической музыки возникает настоящая симфония цвета. Правда, «по эксплуатационным причинам» музыка играет только в переходах на торцах зала, но не в нем самом. Выходы выполнены максимально функционально и лаконично, в них не предусмотрены ни торговые прилавки, ни даже места для отдыха. Разделенные на пять отрезков и оборудованные промежуточными площадками,

лестницы ведут на улицу; снизу видно светящееся наверху отверстие — невольно вспоминается: свет в конце тоннеля. Параллельно проходит эскалатор длиной 25 м, кроме того, на каждом торце платформы имеется по лифту, напрямую соединяющему платформу с улицей. Уличные входы на «Хафенсити Университет» тоже скромные, без наземного вестибюля, на них указывает только принятый в Германии синий символ метро.

Своими значительными габаритами и уникальным дизайном станция «Хафенсити Университет» является скорее исключением для Гамбурга, где до сих пор станции метро делались подчеркнуто скромными и функциональными. Впрочем, велика вероятность, что уже в ближайшем будущем у нее появятся достойные соседи: следующие станции метро Хафенсити будут построены по проекту создателя ряда известных транспортных объектов Майнхарда фон Геркана.

© Markus Tollhopf

2 **Разнообразие световых сценариев** служит едва ли не главным украшением интерьера станции /

A variety of lighting scenarios is virtually the main decoration of the station's interior

3 **Нижняя грань световых контейнеров** обеспечивает подсветку платформы /

The bottom edge of the light containers provides illumination for the platform

There, where daylight does not reach, artificial light is of paramount importance, especially when it comes to underground public spaces. In designing the **Hafencity Universität metro station**, raupach architekten not only recognized this, but made lighting the focal point of its site.

© Markus Tollhopf

объект

© Markus Tollhopf

Hafencity is one of the currently largest development projects worldwide for converting a former harbour area into a densely built inner-city quarter. Hamburg is a seaport but situated far up a large river, and this is why for many years now it has had to adapt to the requirements of the ever-growing freighters and an almost complete transition to container traffic by gradually reorganising the harbour, which was once right next to the city centre and in some parts even extended into it, and moving it further down the river. The city is losing the port that for many centuries was an essential part of its appearance. Shaped by numerous man-made docks and connecting canals, the banks of which were lined with rows of warehouses, piles of goods and swivelling cranes, Hamburg is now gaining a new city quarter full of character where residential and office buildings with a view of the water are being developed, interjected by squares and pocket parks connected to the water that is so characteristic for the city of Hamburg.

Often the traffic infrastructure of such large-scale projects is only developed later on and then based at least in part on the traffic requirements that have emerged in the meantime. Not so in Hamburg. Right from the beginning there was a traffic concept for the Hafencity area extending south and southeast of the city centre. Besides the development of streets, which in turn have

to be connected to the existing road network by several bridges, the "spine" of public transportation is formed by a new underground line that spans the whole length of the Hafencity, which is situated along the Elbe River and allows for extension further upriver in the future. The new line starts at the main station and the city centre and crosses below the waters of the Inner Alster Lake in a wide bend and clearly below groundwater level most of the way. The complete distance was done by shield tunnelling in the shape of two parallel tunnels, which also explains why the new underground stations are built so deeply below ground. Two underground stations have been built so far. The second one, Hafencity Universität, is the current terminus of the line. Its name points to the City of Hamburg's ambitious plan of establishing a new university here as an additional stimulating element to the mixture of premium office spaces and upmarket residential developments. The first building of the Hafencity Universität (HCU) is in fact located close to the underground station's western entrance — it is currently still a freestanding building in the midst of a brownfield shaped by construction pits, embankments and roads ending in no man's land. But this anticipating infrastructure development in the form of an underground line, which requires particularly high investment, is precisely what is capable of spurring on the many building projects still in the planning stage and

4 **Темно-коричневая, кажущаяся почти черной, облицовка зала и потолок,** обшитый стальными плитами, делают главными героями этого пространства именно светильники /

The dark brown, seemingly almost black, facing of the hall and ceiling, lined with steel plates, makes lighting in particular the protagonist of this space

5 **Люминесцентные лампы,** установленные в контейнерах, позволяют задействовать все цвета спектра /

The fluorescent lamps installed in the containers allow for all colors of the spectrum to used

should help avoid the kind of stagnation occurring in many other cities after an initial euphoria. The university's first building accommodates faculties of architecture and urban planning — exactly what the students see around them every day. The underground station itself can also lay claim to a particularly high design standard. Constructed in an open building method — while the tracks themselves, as mentioned above, lie in tunnels driven underground and are each connected to the station, — the station reaches down to a depth of 16 metres below ground. This made it possible to give the station concourse an ample height of 8.5 metres. Intermediate levels for distributing passenger flow to different entrances are located only at the two ends of the concourse, which is no less than 200 metres long and 16 metres wide. The most distinctive element of the station designed by Munich-based studio Raupach

Architekten are the enormous light boxes in the shape of rectangular containers with square cross sections, which have been hung centrally above the platform along the whole length of the concourse. A narrow gap remains between each of these slightly rounded boxes or "light containers" as the architect calls them. On their underside they contain the white lighting of the platform. The three other sides of the boxes as well as their two front ends also form opaque luminous elements. However, the fluorescent tubes behind assume all colours of the spectrum and they all change harmonically from one colour to the next. Necessary for reasons of safety, the consistent white lighting of the platform floor and all furnishings such as benches and info boxes is thus complemented by the changing lighting of the space above the platform. "The design" — as the architects explain — "reacts associatively to the identities of the port city found

on site, to the colours of the brick facades changing with the seasons and the daylight, the ship's steel hulls and the transport container modules." The dark brown, seemingly almost black facing of the whole concourse as well as the ceiling with slightly shining steel sheets reflects the light's colours, but only as a damped echo. Passengers are not distracted from the actual purpose of their station visit, waiting for and boarding trains or alighting and looking for the best exit. The waiting period — trains run every ten minutes at the moment — can however be spent agreeably by more or less consciously following the constant change of colours. Incidentally, the constant play of colours is not so noiseless at certain times on the weekend when a sound and light show based on the example of the so popular "son et lumière" in France takes place. Then the usually same-colour light boxes can be controlled

6 **Поперечный разрез /**
Cross section

7 **Продольный разрез /**
Longitudinal section

8 **Фрагмент отделки /**
Detail of the facing

6

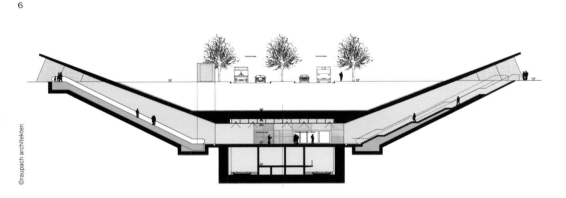

©raupach architekten

7

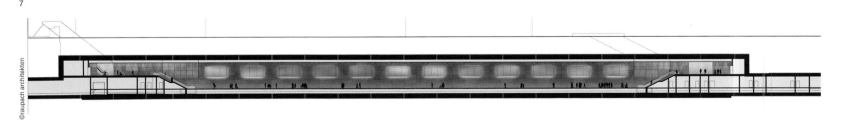

©raupach architekten

HAFENCITY UNIVERSITÄT

© Markus Tollhopf

© Markus Tollhopp

объект

© Markus Tollhopf

individually, not just from one to the next, but also within the boxes made of three segments each, so that a veritable symphony of colour is generated to the sound of classical music.

"For operational reasons", as the phrase goes, music is played only on the intermediate levels at the two ends of the concourse, but not in the hall itself. The intermediate levels have been designed in a very functional way, they do not contain sales stalls or anything such and lead only towards the exits. Stairs sectioned into five parts and with intermediate landings lead up and to the outside, which from beneath appears like the brightly shining light at the end of a tunnel. A 25 metre long escalator runs in parallel; both platform ends also provide an elevator

directly to street level. The entrances to the station have a very minimal design; there is no entrance building to indicate them, just the blue underground symbol commonly used in Germany.

The other of the two new stations has the same dimensions on the inside, but doesn't have such a characteristic design as the one by Raupach studio. With its impressive size and unique design, the Hafencity University station is rather the exception in Hamburg, where subway stations are still made pointedly modest and functional. However, it is likely that in the near future it will have worthy neighbors: the next metro stations in HafenCity will be constructed by the creator of a number of well-known transport facilities, Meinhard von Gerkan.

9 **Мебель на станции выполнена из металла**, который также преумножает разноцветные световые блики /
The furnishings at the station are made of metal, which also multiply the reflections of colorful light

10 **Вид на платформу** из верхнего вестибюля /
View of the platform from the upper lobby

Свет подземки
Underground light

текст: Бернхард Шульц / **text:** Bernhard Schulz

PETER KULKA ARCHITEKTUR

Станция «Маркт» / Markt station

объект / object
Станция «Маркт» / Markt station

адрес / location
Байришерплац, Лейпциг, Германия / Bayrischer Platz, Leipzig, Germany

архитектура / architecture
Peter Kulka Architektur

заказчик / client
Deutsche Bahn AG

управление проектом / project management
DEGES

конструкции / structures
Prof. Pfeifer & Partner

инженерия / engineer
Planungsgemeinschaft Winter – Graner

консультант по акустике / acoustics
Graner & Partner

общая площадь / total area
2 500 м²

проектирование / design
1997–2000

реализация / completed
2006–2013

MAX DUDLER

Станция «Площадь Вильгельма Лёйшнера»
Wilhelm-Leuschner-Platz station

объект   object
Станция «Площадь Вильгельма Лёйшнера» /
Wilhelm-Leuschner-Platz station

адрес / location
Площадь Вильгельма Лёйшнера, Лейпциг, Германия
Wilhelm-Leuschner-Platz, Leipzig, Germany

архитектура / architecture
Max Dudler

заказчик   client
Deutsche Bahn AG

генподрядчик   construction management
Arge BOL/Bü

конструкции   structures
PICHLER Ingenieure GmbH

инженерия / engineer
Planungsgemeinschaft Winter – Graner

общая площадь   total area
5 678,5 м²

общая стоимостьtotal cost
€ 17 500 000

проектирование   design
1997

реализация / completed
2012

© Michael Moser / ARTUR IMAGES

© Hans-Christian Schink

В прошлом году в **Лейпциге** закончилась реализация многолетнего проекта «City-Tunnel Leipzig», давшего городу не только новую линию подземной железной дороги, но и две необычные станции, каждая из которых стала заметным архитектурным событием.

Среди любителей железнодорожного транспорта Лейпциг известен своим огромным Главным вокзалом. Изначально на нем функционировали 26 путей, из которых сегодня используется 21. Бесспорно, это одна из крупнейших железнодорожных станций Европы, однако уже на момент открытия, состоявшегося в 1915 году, ее концепция устарела: вокзал не предусматривал возможности транзитного сообщения. Почти сразу же после ввода станции в эксплуатацию начались дискуссии о том, чтобы проложить железнодорожный тоннель под центральной частью Лейпцига от Главного вокзала к расположенному на юге города Баварскому вокзалу, который старше на полвека. В районе Главного вокзала даже были начаты работы по прокладке этого, рассчитанного на два пути, подземного путепровода, однако из-за Первой мировой войны им не суждено было завершиться. Вместо этого поезда, следовавшие через Лейпциг транзитом, были вынуждены делать большой крюк вокруг города.

Этот недостаток не был устранен и позже, однако намерение проложить тоннель под городом сохранилось и со временем выросло в концепцию линии метро, на которой между Глав-

ным и Баварским вокзалами должны были появиться еще две станции: «Маркт» и «Площадь Вильгельма Лёйшнера» рядом с ратушей. В ходе капитального ремонта и расширения Главного вокзала в середине 1990 годов были проведены необходимые предварительные работы для подготовки отдельной железнодорожной трассы, а в декабре 2013 года тоннель с официальным названием City-Tunnel Leipzig после десяти лет строительных работ наконец был введен в эксплуатацию. Кстати, изначально планировалось, что по нему будут курсировать и отдельные составы дальнего следования, но пока эта идея так и осталась на бумаге, и тоннель используется только метро и пригородными электричками. Он служит своего рода узлом: линии северных направлений здесь соединяются, а южнее тоннеля вновь расходятся в разных направлениях — точно такая же схема несколько десятилетий назад была реализована в Мюнхене, правда, сегодня, в связи с увеличением числа линий и частоты следования поездов по ним, она там работает на верхнем пределе своих возможностей.

В Лейпциге этого опасаться, прямо скажем, не приходится. Население города с послевоенного времени остается неизменным — приблизи-

2 **Разноцветные балки — главное украшение станции «Маркт»,** спроектированной архитектором Петером Кулка /
Multi-colored pipes are the main decoration at Markt station, designed by the architect Peter Kulka

3 **Станция «Маркт», общий вид** / **Markt station, general view**

© Hans-Christian Schink

3

тельно полмиллиона жителей. Главный вокзал на 21 путь явно слишком велик для города, который когда-то был вторым по значимости железнодорожным узлом Германии, а вот габариты метротоннеля, наоборот, в самый раз. Платформы на новых станциях великоваты — длиной 140 метров каждая, они рассчитаны на более длинные поезда, чем курсируют в подземке Лейпцига сейчас, зато количество вагонов точно соответствует небольшой длине перегонов, которая, в свою очередь, продиктована плотностью застройки центральной части города.

На проекты станций еще в конце 1990-х годов были объявлены архитектурные конкурсы. Следует отметить, что при строительстве новых объектов Немецкой железной дороги это не такое уж частое явление: поводом для пристального внимания города к облику новых станций стал Баварский вокзал. После войны от открытого в 1842 году вокзала остались только портик и часть западного крыла — эти обладающие исторической ценностью фрагменты требовалось сохранить, что и стало темой одного из конкурсов.

Архитектор Петер Кулка, победитель конкурса, поместил портик непосредственно над углубленной платформой. Проходы к подземному этажу рядом с ним не бросаются в глаза и не соперничают с памятником архитектуры.

Лишь стеклянная башня лифта несколько выделяется на этом фоне. Однако после спуска на подземный этаж пассажиров встречает совершенно иная атмосфера. Сама станция расположена на глубине около 20 м ниже уровня улицы, и в обоих проходах, расположенных в торцах платформ, Кулка разместил яркие и жизнерадостные пространственные скульптуры. Металлические трубы, выкрашенные в насыщенные цвета, расположены под небольшим углом друг к другу и соединяют бетонные стены лестничных холлов, в силу своей глубины больше напоминающих шахты. И хотя эти элементы выглядят декоративными, на самом деле они выполняют важную конструктивную роль: принимают на себя статическое усилие и передают давление с одной бетонной стены на другую. Кроме того, трубы, выкрашенные в нейтральный белый цвет, удерживают светильники для сделанных из облицовочного бетона лестниц. Кстати, лестница с южной стороны дважды изогнута, с северной же, обращенной к центру города, она, наоборот, непререкаемо прямая.

Какое бы радостное настроение ни создавал этот спуск, внизу атмосфера вполне соответствует определению «подземка». Над большей частью платформы потолок находится на относительно небольшой высоте, и лишь благодаря многочисленным поперечным

4

© Stefan Müller

светильникам он не производит давящего впечатления. Дневной свет сюда не пробивается: он присутствует лишь по бокам станции, благодаря тому, что на обоих входах лестницы не примыкают к стенам вплотную, оставляя зазоры, работающие как световые колодцы.

Можно представить себе, насколько захватывающее и необычное пространственное переживание дарила бы пассажирам эта станция, если бы стеклянная кровля располагалась над всей платформой. А если бы и портик 1842 года можно было рассмотреть при выходе из поезда! Впрочем, нельзя не признать, что станция Петера Кулки представляет собой интересный и удачный компромисс между обычным для тоннельных конструкций подземным сооружением и вестибюлем наземной станции.

А вот на второй новой станции этой линии дневного света и не могло быть — расположенная севернее, она находится непосредственно под площадью Вильгельма Лёйшнера, отличающейся более чем оживленным движением, ведь это часть кольцевой объездной дороги вокруг старого города. Не было здесь альтернативы и расположению выходов с платформы в двух торцах станции — только в этих местах на площади имеются небольшие пешеходные участки.

И тем не менее архитектор Макс Дудлер, победитель соответствующего конкурса, щедро наполнил свою станцию светом. Как и в большинстве своих проектов, начиная с ранней работы в Мангейме и заканчивая новейшими административными строениями севернее Главного вокзала Цюриха, Дудлер выбрал в качестве основной темы оформления этого подземного пространства квадратную сетку. При этом большие квадраты размером три на три метра заполнены маленькими квадратами: в каждую ячейку архитектор вставляет 144 прозрачных стеклоблока. Эти элементы, издалека больше похожие на мозаику, подсвечены изнутри, и поскольку архитектор не делает никакой разницы между ячейками, расположенными на потолке, и теми, что облицовывают стены, пространство станции заполняется равномерным, почти не дающим тени светом. Тени отбрасывают только указатели конечных целей маршрута, а это в масштабе созданного Дудлером графичного пространства сущая мелочь.

На первый взгляд, в равномерно расположенных квадратах нет ни середины, ни низа, ни верха, но пространство не воспринимается как абстрактно-безжизненное. Станция в южном направлении изогнута плавной дугой, и эту дугу придуманное Дудлером оформление подчеркивает как нельзя более элегантно. От противоположной лестницы левая боковая стена видна не полностью, а свет приближающегося со стороны Баварского вокзала поезда появляется лишь в самый последний момент. «Минималистическое оформление усиливает ощущение погружения внутрь земли, пробитого в скале хода», — говорится в пояснении Дудлера к проекту.

В оформлении входных павильонов также безраздельно царит геометрическая сетка, однако квадраты здесь уступают место более крупным прямоугольникам. Входы кажутся несколько невзрачными, они не соответствуют ни масштабу станции, ни производимому ею впечатлению. Возможно, таково было пожелание города Лейпцига — чтобы не отвлекать внимания от Памятника свободе и единству, который планируется установить на площади в память

о мирной революции 1989 года в ГДР, начавшейся в Лейпциге с еженедельных демонстраций.

Станция Макса Дудлера — пример безусловного рационализма, который архитектор освоил во время учебы в мастерской Освальда Матиаса Унгерса и который он уже давно виртуозно и многообразно демонстрирует. «На этом вокзале царит безусловная воля к созданию формы», — написал в своей рецензии известный архитектурный журнал «Баувельт». Во фразе слышится легкий упрек, и совершенно напрасно: воля к созданию формы, которой Дудлер, безусловно, обладает, пробуждает архитектуру, которая стремится к чему-то гораздо большему, чем пространственное воплощение функции.

5

© Stefan Müller

5 **Станция «Площадь Вильгельма Лёйшнера»,** наземный вестибюль / **Wilhelm-Leuschner-Platz station,** ground lobby

The long-standing **City-Tunnel Leipzig** project was completed last year in Leipzig, giving the city not only a new line of the underground railway, but also two unusual stations each of which became significant architectural developments.

Railway enthusiasts know Leipzig for its enormous main station. With originally 26 and still 21 operating tracks today, it is one of the largest terminuses in Europe. When it was opened in 1915, its basic concept was already outdated: the future belonged to through stations. Right from the beginning there were plans for a railway tunnel to cross underneath the city centre of Leipzig, connecting the main station and the about half a century older Bayerischer Bahnhof station in the south of the city. Digging on a part of this tunnel at a length of 700 metres and with two tracks started at the main station but as a result of World War I was never finished. Instead trains heading for Leipzig as

a stopover on the way to other destinations had to make a long detour around the city.

This flaw was never corrected, but the plan of an underground crossing beneath the city remained. It led to the concept of an underground S-Bahn (rapid transit) connection between the main station and Bayerischer Bahnhof with two additional stations under the city centre: Markt and, next to the town hall, Wilhelm-Leuschner-Platz. In December 2013 the City-Tunnel Leipzig — as it is officially called — was put into operation after a ten-year construction period. Incidentally, it was initially planned that long-distance trains would also use the tunnel, but for now this idea

6

© Michael Moser / ARTUR IMAGES

has remained on paper and the tunnel is only used by S-Bahn and regional trains. The tunnel serves as a sort of junction: northern lines come together here, while south of the tunnel the lines again diverge in different directions — exactly the same arrangement was implemented in Munich, however today it is working at the limits of its capacity due to the increase in the number of lines and the frequency of trains on them.

This is not likely to happen in Leipzig. The city is fortunate to have maintained its population of about half a million since World War II. While the main station with its remaining 21 operating tracks is clearly too large for a city that once used to be the second-most important railway hub in Germany, the dimensions of the S-Bahn tunnel seem appropriate. The platforms for the new stations are quite big — each 140 meters long, and are designed to accommodate longer trains than those currently in use in Leipzig, while at the same time the number of cars exactly matches the length of the small spans, which in turn is dictated by how densely the city centre is built.

The fact that the Deutsche Bahn railway company held ambitious architectural competitions for the four underground stations — and that the winners were able to realise their awarded designs — was not a matter of course. From the south the S-Bahn travels along a track that is open but already sunk into the ground before entering Bayerischer Bahnhof. Wartime destruction left only the portico and part of the west wing of this aboveground station opened in 1842 and thus from the dawn of the railway. These historic parts were to be kept and in particular the portico, which leads directly to the station platforms, was to be highlighted as a monument of railway history.

The competition winner, Peter Kulka, placed the portico directly above the low-level platform, as prescribed. The access points to the underground are less conspicuous, so as not to rival the historical monument. The only thing rising noticeably above the level of the square is a glass tower for the barrier-free access-ensuring elevator. But as soon as the passengers dive below ground, a completely different atmosphere surrounds them. At the two entrances at the platform ends and using the enormous height of the station around 20 metres below street level, Kulka has created a colourful, playful and cheerful spatial sculpture. Metal pipes in strong colours, mostly at a slight angle, connect the concrete walls of the shaft-like entrances. The pipes of course also take up static loads and deflect the pressure of the two walls onto each other. Some of these pipes are held in neutral white and contain the light fixtures for the fair-faced concrete staircases, of which the one at the station's south end bends twice, while the one at the north end facing the city centre is straight and creates an according impression.

As cheerful as the entrances to the underground are — the down below is dark by comparison. The ceiling is very low for the larger part of the platform and there is also no daylight, in contrast to the two entrances where, thanks to the freestanding staircases that are not connected to the sidewalls, it shines down onto the platform. Fortunately the ceiling, which is also dissolved optically by crosswise light fittings, doesn't feel quite as heavy. One can sense how elating and exceptional the station might have been if it extended up to street level on its whole length and, just as the two entrances above the staircases,

had been provided with a complete glass roof. If one could even spy the 1842 portico from the underground platform! Anyway Kulka's design for the station is a nice compromise between the customary appearance of underground buildings constructed using tunnelling methods and the unobstructed lightness of the two staircase entrances.

However, the next station to the north doesn't provide this either — and neither could it, since it is situated directly beneath the busy Wilhelm-Leuschner-Platz square on the ring road

6   **Вид на платформу станции «Маркт» и** южный выход /
    View onto the Markt station platform and the south exit

7   **Балки, выполненные в нейтральном** белом цвете, удерживают светильники /
    Pipes executed in a neutral white color contain the lights

© Michael Moser / ARTUR IMAGES

© Stefan Müller

around the old centre. Here there also wasn't an alternative to the entrances at both ends of the station as this is the only way to reach the pedestrian areas of the aboveground square.

Nevertheless, Max Dudler, the winning architect of the competition, generously filled his station with light. As in most of his other projects, starting with his early in work in Mannheim to the most recent administrative buildings to the north of Zurich's main railway station, Dudler chose a square pattern as the main concept of this underground space. In addition, the large three by three meter squares are filled with small squares: in each large square there are 144 translucent glass blocks. From afar, these elements look like a mosaic illuminated from within, and since the architect does not differentiate the squares on the ceiling from those lining the walls, the space in the station is uniformly bathed in light with practically no shadows. Shadows can only be found below the destination displays, and in relation to the scale of the graphic space that Dudler has created, this is a very small amount.

At first glance, there is no middle, bottom, or top in the evenly space squares, but the space is not perceived as abstract and lifeless. To the south the station bends in a smooth curve, and this curve thought up by Dudler emphasizes the compelling elegance of the design. From the single-flight staircase the left sidewall is not completely visible and the lights of trains entering from the direction

of Bayerischer Bahnhof only become visible in the tunnel mouth at the very last moment. "The minimalist, almost raw design enhances the impression of progressing down into the earth, as in a tunnel carved into the rock", says Dudler's explanation of his design.

The geometric grid continues to reign supreme in the design of the entrance pavilions, though here the squares give way to larger rectangles. The entrances seem to be somewhat inconspicuous; they correspond neither to the scale of the station nor to the impression produced by it. It is possible that this was the City of Leipzig's desire, in order not to detract from the Freedom and Unity Memorial which is planned to be installed in the square to commemorate the peaceful revolution of 1989 in the GDR that began in Leipzig with weekly demonstrations.

Max Dudler's station is an example of the unconditional rationalism that the architect acquired during his studies at the studio of Oswald Mathias Ungers and which he has demonstrated in masterful and varied ways for a long time already. "Dominating this stations is the obvious desire to create forms", as renowned architecture magazine Bauwelt put it in its review. In this comment, a slight criticism can be detected, and it is completely in vain: the desire to create forms, which Dudler clearly has, elevates architecture to something more than just a space carrying out a function.

Stefan Müller

© Michael Moser / ARTUR IMAGES

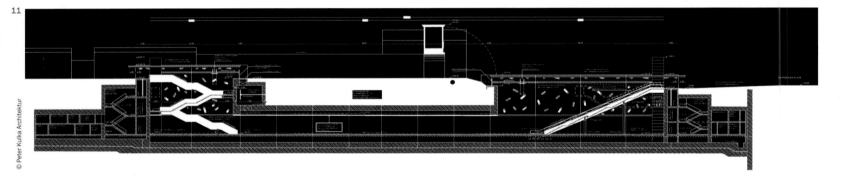

© Peter Kulka Architektur

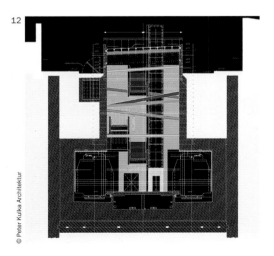

© Peter Kulka Architektur

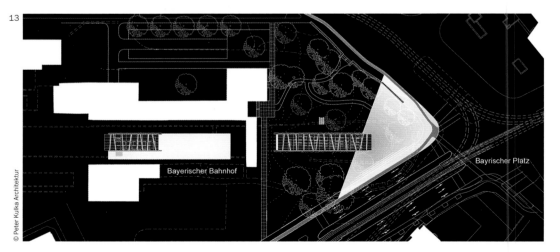

© Peter Kulka Architektur

Bayerischer Bahnhof

Bayrischer Platz

© Michael Moser / ARTUR IMAGES

© Michael Reisch / OR IMAGE

объект

16

© Michael Moser / ARTUR IMAGES

17

© Michael Moser / ARTUR IMAGES

© Stefan Müller

© Stefan Müller

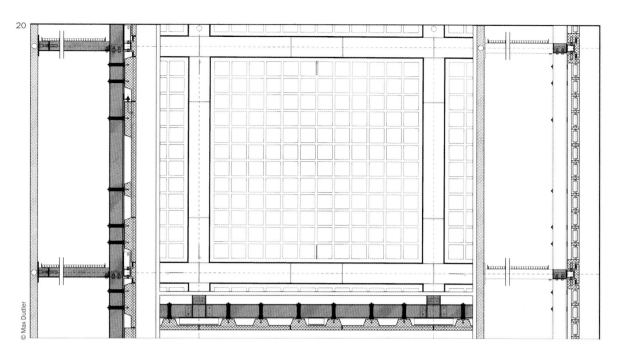

© Max Dudler

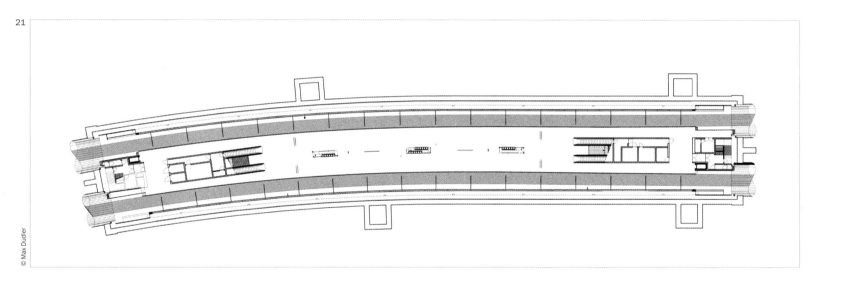

© Max Dudler

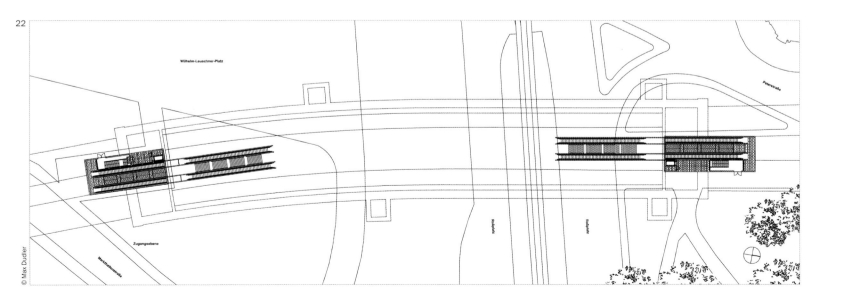

© Max Dudler

В оформлении входных павильонов также царит геометрическая сетка, в основу которой положены прямоугольники /

In the design of the entrance pavilions a geometric grid also dominates, based on rectangles

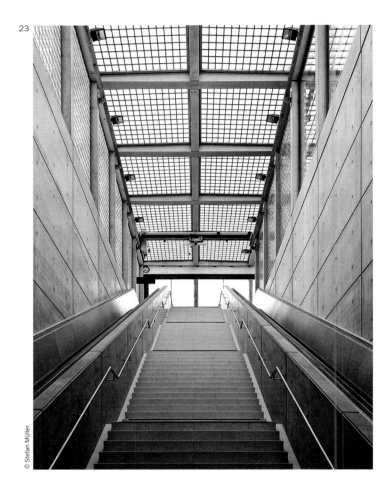

© Stefan Müller

24

© Stefan Müller

© Stefan Müller

К востоку от рая
East of Eden

текст: Дэвид Кон / **text:** David Cohn

LUIS M. FERRER OBANOS

Станции метро «Каролинес» и «Бенимамет»
Carolines and Benimàmet metro stations

объект / object
Станции метро «Каролинес» и «Бенимамет» / Carolines and Benimàmet
metro stations

адрес / location
Бенимамет, Валенсия, Испания / Benimàmet, Valencia, Spain

архитектура / architecture
Luis M. Ferrer Obanos

заказчик / client
Ferrocarriles de la Generalitat Valenciana

архитектурное сопровождение / collaborator
Laura Villegas Rincon

инженерия / engineer
Sener (проект), UTE Metro Benimamet (реализация) /
Sener (design phase), UTE Metro Benimamet (construction phase)

общая площадь / total area
2 360 м² (Benimamet), 2 395 м² (Carolines)

Общая стоимость / total cost
€ 4 676 560 (Benimamet), € 4 470 000 (Carolines)

проектирование / design
2010

реализация / completed
2012

metrovalencia

© David Frutos / BISimages

2 Станции привлекают к себе
внимание, в первую очередь,
своими наземными павильонами,
решенными в виде эффектных
стеклянных параллелепипедов /

**The chief attraction of the stations
are their spectacular** glazed tubular
pavilions

Для города с восьмисоттысячным населением **испанская Валенсия**
имеет на удивление развитую сеть общественного транспорта,
объединяющую линии узкоколейных электричек, скоростных трамваев
и метро. Две новые станции «Бенимамет» и «Каролинес», расположенные
на бедной рабочей окраине на севере города, были построены в ходе
преобразования наземной железнодорожной линии в подземку.

120 объект

Заказ на оформление двух новых станций metroValencia архитектор Луис Феррер получил после того, как удостоился второй премии в конкурсе на трамвайную остановку сходного дизайна в соседнем Аликанте. Основой всего проекта стало создание на месте бывших железнодорожных путей парка, но его так и не разбили в силу постигшего Испанию экономического кризиса. Таким образом, сейчас мы можем видеть лишь часть проекта — два сверкающих стеклянных павильона построенных станций, которые вместе с парой деревьев торчат посреди обширного пустыря, заросшего бурьяном и заваленного мусором. Когда-нибудь в будущем он все-таки должен стать парком: с его помощью Феррер хотел соединить две части города, ранее разделенные путями, но пока полосой ничейной земли между ними служит этот пустырь.

Станции привлекают к себе внимание в первую очередь своими наземными павильонами, решенными в виде эффектных стеклянных параллелепипедов, где располагаются скамейки, кассы, турникеты и эскалаторы, спускающиеся к подземным платформам. Прозрачная оболочка представляет собой две панели 10-миллиметрового стекла со слоем ацетата между ними — это обеспечивает защиту от солнца, уменьшает избыток тепла. В зависимости от угла и точки преломления ацетатная пленка меняет цвет, а за счет своей мятой структуры еще и по-разному отражает свет. «Иногда стекло кажется тусклым, иногда — совершенно прозрачным», — поясняет Феррер. Если смотреть снаружи, цвет стекла изменяется от красно-оранжевого до темно-зеленого и синего. Внутри же и ночью и днем пространство пронизано призрачным свечением льющегося на платформы через колодцы эскалаторов потустороннего голубого, в котором купается все, в том числе и люди.

Задуманный оптический эффект многократно усиливается из-за многочисленных трещин в стекле, которые возникли, потому что вандалы швыряют в них камни. Павильоны, возвышающиеся среди заброшенного пустыря, представляют собой весьма притягательную мишень. Разбитым панелям не дает рассыпаться ламинация, и стекло покрыто прихотливым узором трещин, преломляющих свет в своей сверкающей бриллиантовой паутине. Получилось очень красиво, хотя архитектор этого и не предусматривал.

Стекло поддерживает остроумная конструкция из тонких легких алюминиевых ребер и натянутых тросов. Каждый из стеклянных павильонов представляет собой своего рода телескопическую трубу, с обеих сторон открытую для входа и выхода. Горизонтальные секции ребер на потолке имеют регулируемый трос, закрепленный на распорках, с помощью которого Феррер регулирует отклонение каждой балки. Это необходимо, чтобы соответствовать жестким допускам стеклянных панелей, которые пришлось заказывать раньше, чем воздвигли всю конструкцию. Ребра установлены с интервалом 1,25 м, что позволило в каждой «секции» разместить нужно число светильников. В вертикальных секциях тросы также натянуты крест-накрест по диагонали, компенсируя поперечную нагрузку.

Ребра уходят под пол станции, «обхватывая» секцию по периметру. Балки на уровне земли поддерживаются точечными опорами и, в свою очередь, поддерживают пол, собран-

ный из стальных плит, покрытых сверху текстурированным бетоном. Подобная конструкция позволила Ферреру реализовать заложенную в основу проекта метафору о том, что павильон — это некий элемент, «дрейфующий в воде». Роль воды исполняют мелкие белые речные камни, окаймленные небольшим бордюром, причем на станции «Каролинес» он реализован лишь частично. «Это своего рода дешевое озеро, не требующее ухода», — поясняет Феррер.

3–4 Стеклянное покрытие с ацетатной пленкой меняет цвет, а за счет своей мятой структуры еще и по-разному отражает свет /

The glazing with a layer of acetate refracts light in different colors and as it wrinkled, its different facets catch the light in different ways

© David Frutos/BISimages

© David Frutos/BISimages

← Torrent Aving

Benimàmet

объект

© David Frutos/BISimages

К несчастью, вандалы воспринимают эти камни как готовый боезапас. Феррер помещает подход к платформам, а также запасные лестницы и билетные кассы, в отдельные бетонные отсеки: три внутри стеклянных павильонов и один, для аварийного выхода, снаружи. Согласно его концепции, «они словно вырастают со дна», тогда как стеклянные павильоны «словно бы спустились в озеро сверху».

На самих станциях Феррер установил красивые скамейки из сложенных стальных листов, на уровне земли они отделаны нержавейкой, а на подземном — выкрашены эмалевой краской, фисташковой или оранжевой, в зависимости от станции. По стенам подземного уровня пущена широкая полоса шелкотрафаретных фотографий с задней подсветкой, повторяющихся, подобно громадным изразцам.

Новые станции возвышаются посреди пустыря как обломки постигшей Испанию катастрофы переизбытка строительства. Яркие и самобытные пространства, в своем нынешнем окружении они воспринимаются прежде всего как символ современного состояния испанской архитектуры, которой когда-то очень интересовались политики, не слишком в ней разбиравшиеся, а сейчас совершенно заброшенной. И в этом смысле объекты Феррера приобретают совершенно иное, я бы сказал, назидательное звучание — такова судьба любого строительства, пережившего эпоху, когда оно задумывалось и было востребовано как политический символ величия и грандиозности. Оно стало восхитительным реликтом, этаким ярким петухом, гордо вышагивающим среди обломков некогда райского парка.

5–6 **В оформлении интерьеров станций** также преобладает стекло /
The interiors of stations are also finishing with colored glass

Benimàmet

© David Frutos/BISimages

For a city of 800,000, **Valencia, Spain** has a surprisingly elaborate mass transit network, the result of unifying narrow-gauge suburban commuter lines, trams with dedicated rights-of-way and new underground metro lines. The two new stations, Benimàmet and Carolines, located in a poor working-class suburb north of the city, are the result of transforming a surface rail line into an underground metro.

7 Входные павильоны размещены в «озере» из белых речных камней, окаймленном небольшим бордюром /

Pavilions are situated in a "pool" of white river stones with a defined border

8 Стекло поддерживает конструкция из тонких легких алюминиевых ребер и натянутых тросов /

The glass is held in place by an ingenious structure of thin, lightweight aluminum ribs and tensor cables

© David Frutos/BISimages

Local architect Luis Ferrer was awarded the commission for these two stations after receiving second prize in a competition for a tram line station of similar design in the nearby city of Alicante. His proposal included a park over the area of the former tracks, which was not built due to Spain's current economic crisis. We thus currently see the project only partially, with the glittering glass pavilions of the two finished stations standing alone, together with a couple of trees, amid the bare expanse of

dirt, weeds and debris of the future park. Ferrer hoped that the project would help unify the two sides of the town formerly separated by the tracks, but the site has become another kind of no-mans-land between them.

The chief attraction of the stations are their spectacular glazed tubular pavilions, which shelter ticketing, turnstiles, benches and escalators down to the underground platforms. The glazing has a layer of acetate between two panes of 10mm glass,

which provides solar protection, lowering thermal loads. The film also refracts light in different colors depending on the angle of incidence, viewpoint, reflections and other factors. It is wrinkled, so that its different facets catch the light in different ways. "Sometimes it looks opaque, sometimes completely transparent," Ferrer observes.

Seen from outside, the color of the glass ranges from oranges and reds to deep greens and blues. Inside, day or night, the space is permeated

9–11 **Интерьеры станций /
Detail of the station interior decoration**

by a prevailing tone of otherworldly blue, which bathes everything, including people, and spills down the well of the escalators to the platforms below like the halo of an apparition.

These effects are further multiplied by the many panes of shattered glass, the result of vandals throwing rocks at them – the pavilions make for an inviting target amid their abandoned surroundings. These smashed panels are held in place by the lamination and covered with a dense crazy-quilt patterns of cracks, which catch brilliant nets of light. The result is actually quite attractive, though it was not intended by the architect.

The glass is held in place by an ingenious structure of thin, lightweight aluminum ribs and tensor cables. The glazed pavilions are tubes, open at each end for access. The horizontal sections of the ribs at the ceiling have an adjustable tension cable mounted on curious spacers, which Ferrer used to adjust the deflection of each beam. This was necessary to meet the exactingly low tolerances of the glazing panels, which had to be ordered before the structure was erected. The ribs are spaced at intervals of 1.25 meters to accommodate the tubular lighting fixtures that span between them. In vertical sections, other tensors in an "X" configuration brace the structure for lateral loads.

The ribs extend under the floor of the station as well to make for a full "O" shaped section. Ground-level beams are supported on point footings, and support inturn the floor, a floating platform consisting of a mixed slab of corten steel topped with textured concrete.

The "O" shaped ribs and raised floor follow a conceptual conceit in which the pavilion is "an element floating in a pool, "according to Ferrer. The pool is in fact a bed of white river stones with a defined border, only partially realized at the Carolines station. "It's a sort of cheap lake that doesn't require maintenance", Ferrer explains. Unfortunately, these stones have provided ready ammunition for vandals as well.

Ferrer houses the access ways to the platforms, as well as emergency stairs, ticketing windows and an office, in a series of independent concrete boxes, three inside the glass pavilions and one for emergency egress outside. He describes these, following his fanciful design concept, "as if they rose out of the ground," while the glass pavilions are meant to read "as if they had been deposited on the lake from above."

Ferrer furnishes the stations with handsome benches of folded steel plate, finished in stainless at ground level and with enamel paint underground, in pistachio and orange, the colors that identify each station. The outer walls of the underground levels are lined with backlit silkscreened photos, repeated like oversize tiles.

The stations stand as another vivid symbol (as if another were needed) of the current state of Spanish architecture, once much in demand by politicians who actually understood it little, and now abandoned, another piece of refuse left over from the disaster of overbuilding in Spain. But in this premature decadence they assume a new role that is the fate of any building that survives into a time beyond the era of its conception and usefulness (in this case their usefulness as a political symbol of largess and grandiosity), becoming a fascinating relic, like a magnificent peacock strutting amid the rubble of a once Eden-like park.

126 объект

Benimamet

© David Frutos/Bis.kages

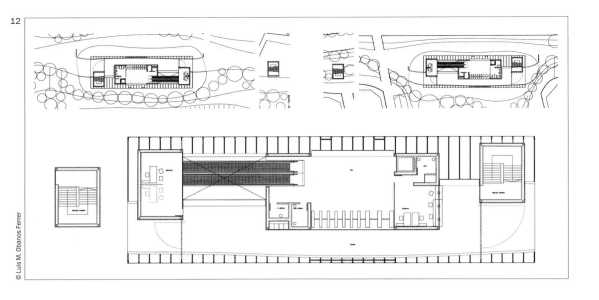

© Luis M. Obanos Ferrer

12   **План и развертка станции** /
     Plan and layout

13   **Ситуационный план. Станции и
     проектируемый парк между ними** /
     Site plan. The stations and project park
     between them

14   **План на уровне платформ** /
     General plan of platforms

15   **Поперечный разрез и схема
     озеленения парка** /
     Cross sections and scheme of
     sprigging

16   **Поперечный разрез** /
     Cross section

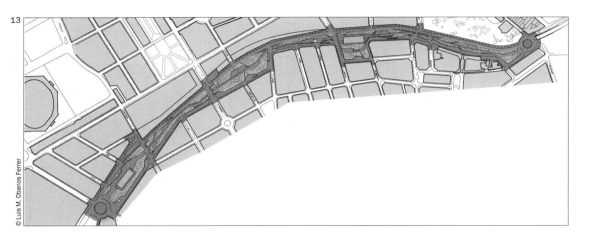

© Luis M. Obanos Ferrer

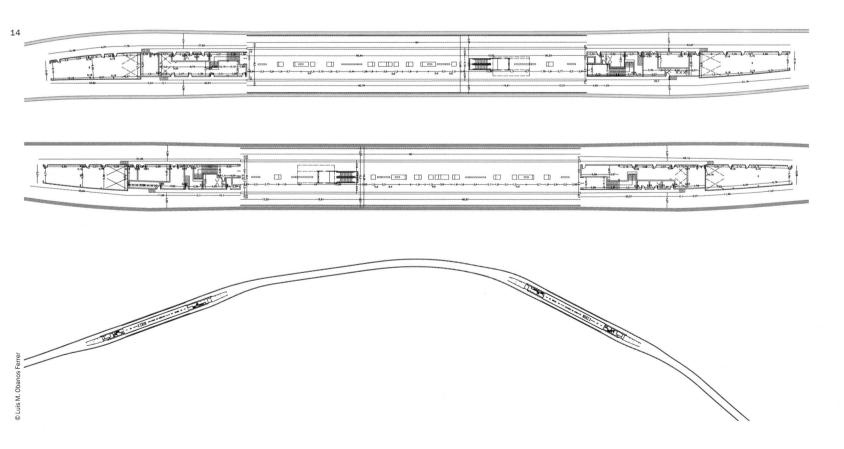

© Luis M. Obanos Ferrer

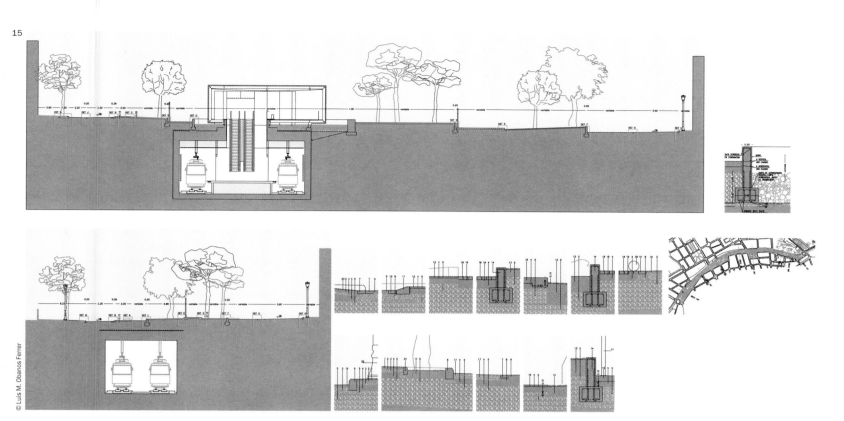

© Luis M. Obanos Ferrer

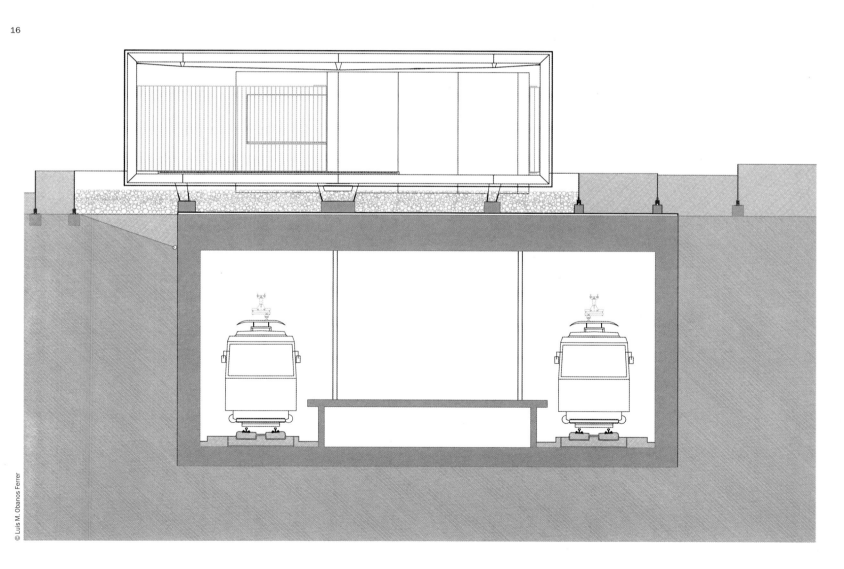

© Luis M. Obanos Ferrer

© David Frutos/BISimages

18 Каждый из стеклянных павильонов представляет собой своего рода телескопическую трубу, с обеих сторон открытую для входа и выхода /
The glazed pavilions are tubes, open at each end for access

объект

© David Frutos/BiSimages

объект

© David Frutos/BISimages

© David Frutos/BISimages

19 **Оптический эффект многократно усиливается** из-за многочисленных трещин в стекле /

Optical effects are further multiplied by the many panes of shattered glass

20–21 **Снаружи цвет стекла изменяется от красно-оранжевого до темно-зеленого и синего.** Внутри же пространство пронизано призрачным свечением голубого /

Seen from outside, the color of the glass ranges from oranges and reds to deep greens and blues. Inside the space is permeated by a prevailing tone of otherworldly blue

По стенам подземного уровня
пущена полоса шелкотрафаретных
фотографий с задней подсветкой /
**The outer walls of the underground
levels** are lined with backlit silkscreened
photos

объект

© David Frutos/BISimages

© David Frutos/BISimages

23–25 **Интерьеры станций** /
Detail of the station interior decoration

© David Frutos/BISimages

Остановка по требованию
A stop by request

текст: Андрей Чирков / **text:** Andrei Chirkov

ROSS BARNEY ARCHITECTS

Станция «Морган» Чикагского метрополитена /
CTA Morgan station. Chicago

объект / object
Станция «Морган» Чикагского метрополитена / CTA Morgan station

---

адрес / location
Чикаго, США / Chicago, IL, USA

архитектура / architecture
Ross Barney Architects

заказчик / client
Chicago Department of Transportation

генеральный подрядчик / general contractor
F.H. Paschen, S.N. Nielsen

**проектирование строительных конструкций /
conceptual structural design**
ARUP

**инженерия, консультанты по транспорту /
engineering consultants on transport**
TranSystems, LTK Engineering Services, OSA Engineers

общая стоимость / total cost
$ 35,000,000

проектирование / design
2010-2011

реализация / completed
2012

© Kate Joyce Studios

1 Станция Морган. Ночной вид / Morgan station Night view

© Kate Joyce Studios

© Kate Joyce Studios

2 Прозрачность конструкций станции
стала одним из принципиальных
решений команды проектировщиков /
**The transparency of the station's
structure** became one of the
fundamental decisions of the design team

**Шумное, временами медленное и всегда переполненное метро
Чикаго** сегодня переживает свое второе рождение: помимо строительства
новых станций, целый ряд некогда заброшенных транспортных узлов
реконструируется и становится удобными многофункциональными хабами
и новыми архитектурными доминантами. Один из примеров — станция
«Морган», заново построенная по проекту бюро Ross Barney Architects.

Чикагское метро является вторым по возрасту
метрополитеном США после Нью-Йоркского —
старейший его участок был построен в 1892
году. Поскольку большая часть линий проходит
над землей, метро обозначается буквой «L» (от
английского «elevated»), однако чаще систему
внеуличного транспорта Чикаго именуют
аббревиатурой CTA — по названию организации
Chicago Transit Authority, осуществляющей все
перевозки в пределах города.

Железнодорожная станция, расположенная на пересечении Лейк-стрит и Морган-стрит,
к западу от исторического центра Чикаго,
существует с конца XIX века. Когда-то здесь
был оживленный район Фултон-маркет,

наводненный торговыми лавками, круглый год
снабжавшими чикагцев свежими продуктами.
Но потом сюда пришли производства, и район
деградировал, превратившись в мрачную
и социально неблагополучную промзону,
которую без натяжки можно было назвать
трущобами. Процесс регенерации бывших инду-
стриальных зон стартовал в Чикаго в конце
прошлого века и, к счастью, одним из первых
затронул именно «Морган». Сегодня это вновь
густонаселенный район, обладающий ярко
выраженной индивидуальностью застройки:
современные высотные дома здесь соседствуют
с бывшими промышленными зданиями и пакга-
узами, нарезанными на лофты и сданными

в аренду под офисы и жилье. Единственное, чего району до самого последнего времени остро не хватало, это качественного транспортного сообщения с центром Чикаго: последние несколько десятилетий станция «Морган» не функционировала. Между тем она находится в центре района, где общественная жизнь буквально кипит: кафе, кинотеатры, галереи, школы и библиотеки здесь представлены во множестве. Примечательно, что «мотором» проекта реконструкции стали простые жители, обратившиеся в мэрию с просьбой о повторном введении в эксплуатацию станции «Морган».

Разработку проекта транспортники поручили местным архитекторам из бюро Ross Barney Architects. Инженерную часть взяли на себя фирмы TranSystems, LTK Engineering Services и OSA Engineers, а конструктив на стадии концепции разработал ARUP. Выбор архитектурной компании был неслучайным: Ross Barney Architects уже успешно реконструировали станции CTA «Фуллертон», «Белмонт» и «Гранд». Разница лишь в том, что все упомянутые объекты находятся на земле и под землей, тогда как станция «Морган» поднята над дорожным полотном Лейк-стрит на мощных металлических пилонах.

В основу концепции, предложенной Ross Barney Architects, положены три постулата: доступность (прозрачность), долговечность и простота в эксплуатации. Проект, бюджет которого оценивается в 35 млн долларов США, предполагал значительное укрепление и восстановление железнодорожного полотна. Две платформы длиной 130 м сооружены с использованием местных износостойких материалов, частично вторично переработанных — стали, бетона, гранита (отделка полов), нержавейки (марка 316), стекла и прозрачного поликарбоната. Основные элементы архитектурной композиции — две одинаковые стеклянные башни. Эти узкие параллелепипеды высотой 12 м служат своего рода тылом каждой из платформ. В верхней части башни соединены крытым мостом, предназначенным для перехода пассажиров с одной платформы на другую. Светопроницаемые конструкции башен хорошо просматриваются, не загораживают обзор пешеходам и автомобилистам и не препятствуют инсоляции соседних зданий. Кроме того, сквозь прозрачные плоскости во внутреннее пространство станции попадает солнечный свет, а значит, такое решение позволяет существенно сократить энергопотребление. Внутри башен запроектированы кассы, лестничные колодцы и лифтовые шахты. Лифты, оборудованные системой автоматического контроля, предназначены для перемещения людей с ограниченными физическими возможностями. Подъемники также сделаны из стекла. Архитекторы вкладывают в подобный выбор материала важный социальный смысл: по их мнению, когда пассажиры могут рассмотреть, что происходит вокруг, они чувствуют себя спокойнее. При этом большинство конструктивных деталей (балки, опоры, узлы) оставлены в интерьере без отделки и служат красноречивым напоминанием о промышленном прошлом района.

Поверхности башен защищены антивандальными перфорированными панелями из нержавеющей стали — благодаря этому удалось охладить творческий пыл мастеров граффити. Ограждения и ветроломы платформ, оснащенных флуоресцентными ресурсосберегающими лампами, также сделаны из перфорированной нержавейки. А навес над платформами, защищающий пассажиров от сюрпризов

© Kate Joyce Studios

погоды, — из прозрачного поликарбоната, что значительно уменьшило общую массу конструкции. Отсюда, с отметки прибытия поездов, хорошо виден городской горизонт; если же подняться на переходной мост, можно рассмотреть даже величественный силуэт башни Уиллиса, одной из главных достопримечательностей Чикаго.

Впрочем, здание станции и само, бесспорно, стало местной достопримечательностью: выразительный силуэт башен и отливающий серебром логотип CTA на фасаде сделали станцию «Морган» узнаваемым ориентиром в панораме района. Сами архитекторы такой успех объясняют тем, что с самого начала работы над проектом стремились скорректировать «промышленный» имидж элемента инфраструктуры. Именно поэтому основную ставку они сделали на прозрачные поверхности и визуально очень легкие объемы, контрастирующие с грубыми металлическими пилонами. Новая архитектура повлекла за собой и изменения окружающего ландшафта: так, вдоль Лейк-стрит были высажены молодые деревья, а подходы к станции украшены художественно оформленными стойками для парковки велосипедов.

3 **В ночное время подсвеченные изнутри прозрачные объемы** выполняют роль гигантского городского фонаря/

At night, the translucent volumes illuminated from the inside act as a giant urban lantern

© Kate Joyce Studios

© Kate Joyce Studios

The noisy, sometimes slow, and always crowded subway in Chicago is now experiencing a revival: in addition to the construction of new stations, a number of once-abandoned transport hubs are being reconstructed and are becoming comfortable, multifunctional hubs and new architectural dominants. One example is the Morgan station that was re-designed by Ross Barney Architects.

Chicago's subway is the second-oldest underground rapid transit in the United States after New York — its oldest section was built in 1892. Since most of the lines are above ground, the subway is denoted by the letter "L" (from the word "elevated"), but more often Chicago's system of off-street transportation uses the abbreviation CTA — Chicago Transit Authority, which carries out all transportation within the city.

The train station located at the intersection of Lake Street and Morgan Street west of the historic center of Chicago has existed since the end of the 19th century. A once busy area of Fulton Market overflowing with trade stands had supplied Chicagoans with year-round fresh produce. But with the arrival of manufacturing operations, the area degraded and turned into a dark and socially disadvantaged industrial area, which without exaggeration was referred to a slum. In Chicago, the process of regenerating former industrial areas started at the end of the last century and fortunately, Morgan was one of the first areas affected. Today it is again a densely populated area with distinct building identities: modern high-rise buildings coexist with former industrial buildings and warehouses, which have been separated into lofts and rented out as offices and housing. The only thing that the area was sorely lacking until very recently was an effective link to the center of Chicago: the past few decades Morgan station was not in service. Meanwhile it is located in the center of an area where social life is literally buzzing: many cafes, cinemas, galleries, schools and libraries can be found there. It is noteworthy that the "engine" of the reconstruction project began with ordinary people who went to the mayor's office with the request that the Morgan station be put back into service.

Local architects from Ross Barney Architects were commissioned for the development of the transport project. TransSystems, LTK Engineering Services, and OSA Engineers took on the engineering, while ARUP developed the structural concept. The selection of the architectural company was not accidental: Ross Barney Architects had already successfully reconstructed the CTA stations of Fullerton, Belmont and Grand. The only difference is that all the aforementioned sites are either at street level or underground, while Morgan station is raised above the Lake Street roadway on large metal pylons.

The concept proposed by Ross Barney Architects was based on three principles: accessibility (transparency), durability, and ease of

© Kate Joyce Studios

maintenance. The project, with a budget estimated at 35 million dollars, proposed a significant reinforcement and restoration of the railway tracks. The two 130 m platforms were constructed using local, partially recycled, wear resistant materials — steel, concrete, granite (floor finish), stainless steel (type 316), glass, and translucent polycarbonate. The same materials were used in the construction of the buildings surrounding the transport hub, forming an architectural context.

The main elements of the architectural composition are two identical glass towers. These narrow 12 m high rectangular blocks serve as a sort of service area for each platform. A covered bridge at the top of the tower allows passengers to move from one platform to the other. The translucent design of the towers can be easily spotted but does not block the view of pedestrians and motorists, which contributes to the site's integration into the urban environment, and does not hinder the insolation of neighboring buildings. Furthermore, sunlight falls through the transparent planes into the inner space of the station which means such a design allows power consumption to be significantly reduced.

Ticket offices, stairwells, and elevator shafts are laid out inside the towers. Elevators equipped with an automatic control system are designed for transferring people with limited mobility. The elevators are also made of glass. Architects have inserted an important social meaning in this choice of material: in their view, when passengers can see what is happening around them, they feel calmer. Moreover, the majority of structural components in the interior (beams, supports, components) are left without a finish and serve as an eloquent reminder of the district's industrial past.

The surface of the towers is protected with vandal-proof perforated stainless steel panels — which have managed to cool the creative eagerness of anonymous graffiti artists from the suburbs hoping to turn the exterior of the station into a giant medium of questionable information. The perforation pattern was developed with the help of a special computer program. The platforms' barriers and windbreaks which are equipped with efficient, fluorescent lamps, are also made of perforated stainless steel. The canopies over the platforms which protect passengers from weather surprises are made from translucent polycarbonate, which significantly reduced the total weight of the structure. From here, along with observing the arrival of trains, the city skyline is clearly visible; going up to the transfer bridge, you can even see the majestic silhouette of the Willis Tower, one of Chicago's main attractions.

Then again, the station building itself has indisputably become a local landmark: the expressive silhouette of the towers and shimmering silver CTA logo on the facade has made Morgan station a recognizable landmark in the area's landscape. The architects attribute this success to the fact that from the very beginning of the project they sought to correct the "industrial" image of infrastructure elements. That is why they placed their main bet on translucent surfaces and visually very light volumes, contrasting with the rough metal pylons. The new architecture has led to a change in the surrounding landscape: for example, along Lake Street young trees were planted, and the approaches to the station were adorned with artistically designed bicycles racks.

4   Платформы защищены от непогоды наклонными козырьками из прозрачного поликарбоната /
The platforms are protected from the weather by sloping canopies of translucent polycarbonate

5   Вид на станцию с высоты птичьего полета /
Aerial view of the station

6   Новая станция метро стала заметным ориентиром в панораме района /
The new subway station has become a prominent landmark in the district's landscape

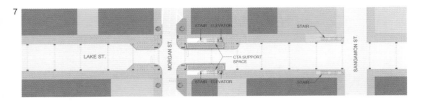

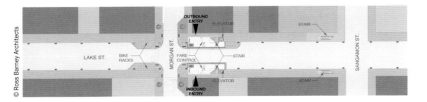

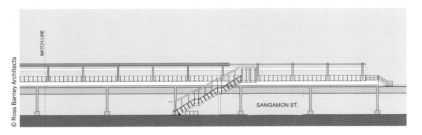

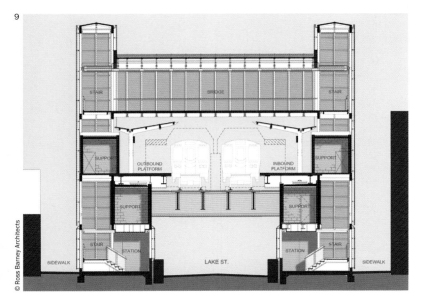

© Kate Joyce Studios

© Kate Joyce Studios

© Kate Joyce Studios

12 **Внутри стеклянных башен**
расположены кассы, лестницы
и лифтовые шахты /

**Ticket offices, stairs, and elevator
shafts** are located inside the glass towers

13 **Прозрачные поверхности защищены**
антивандальными перфорированными
панелями из нержавеющей стали /

The translucent surfaces are protected
with vandal-proof perforated stainless
steel panels

14 **Большинство конструктивных
деталей** оставлены без отделки и
служат красноречивым напоминанием
о промышленном прошлом района /

Most of the structural parts are left
without finishing and are an eloquent
reminder of the district's industrial past

object

© Kate Joyce Studios

Чудесное превращение депо
Depot to metro station: an amazing transformation

текст: Анна Мартовицкая / text: Anna Martovitskaya

JBMC ARCHITECTS

Станция метро «Уругвай» /
Uruguai metro station

объект / **object**
Станция метро «Уругвай» / Uruguai metro station

адрес / **location**
район Тижука, Рио-де-Жанейро, Бразилия / Tijuca, Rio de Janeiro, Brasil

архитектура / **architecture**
JBMC Architects

заказчик / **client**
MetroRio

конструкции / **structural engineering**
Paulo Ricardo Mendes

консультант по вентиляции / **ventilation and air conditioning**
Milton Coimbra

подбор материалов / **materials**
Flávio Baraboskin, Marco Pelaes

архитектурное сопровождение / **contributors**
Carlos Azevedo Arquitetura, Elcio and Yokoyama Arquitetura

общая площадь / **total area**
13 773 м²

проектирование / **design**
2009

реализация / **completed**
2014

1 **Верхний вестибюль станции метро
«Уругвай»** в Рио-де-Жанейро /
**Upper lobby of the Uruguay metro
station** in Rio de Janeiro

15 марта 2014 года в метро **Рио-де-Жанейро** заработала новая станция «**Уругвай**», связавшая с центром города многонаселенный район Тижука. Авторы проекта — архитектурное бюро JBMC Architects — приспособили под станцию метро бывшее подземное депо, виртуозно переосмыслив структуру последнего.

Метро в Рио-де-Жанейро работает с 1979 года. И хотя оно считается вторым по масштабу в Бразилии (после метрополитена Сан-Паулу), его протяженность более чем скромна. Две линии (оранжевая — Линия 1, и зеленая — Линия 2) имеют в общей сложности всего 35 станций, которые охватывают от силы треть города. Впрочем, у MetroRio грандиозные планы: в ближайшие годы должно начаться строительство сразу двух новых линий, одна из которых свяжет районы Ипанема и Барра, а вторая — центр Рио с Нитероем, городом на противоположной стороне залива Гуанабара. Пока же эту роль на себя берет так

называемое metrô na superfície, т.е. «метро на поверхности», а проще говоря, сеть автобусных маршрутов, которые соединяют между собой разрозненные районы, с поправкой на знаменитые гигантские пробки Рио.

Станция «Уругвай» — новая конечная и двадцатая по счету станция Линии 1. Она соединила центр Рио-де-Жанейро с районом Тижука, жители которого ждали метро более 30 лет: планы по строительству здесь станции город впервые обнародовал еще в 1982 году. Долгожданное строительство началось в 2010-м, в конструкциях станция была готова в 2012-м, и еще полтора года понадобилось на чистовую

© JBMC Architects/Nelson Kon

2

объект

отделку и подготовку к официальному запуску. Добавим также, что во многом своей реализацией проект обязан приближающимся Летним Олимпийским играм, которые Рио примет в 2016 году, и прошедшему в этом году Чемпионату мира по футболу: эти масштабные мероприятия и подвигли город на «перезапуск» своей транспортной инфраструктуры. И справедливости ради, «Уругвай» — далеко не единственная премьера MetroRio, правда, в архитектурном отношении едва ли не самая громкая.

«Уругвай» — классическая двухъярусная станция, на промежуточном уровне которой располагаются распределительные вестибюли, кассы и турникеты, а основной нижний уровень занимает платформа. Учтя острую потребность района в метро, архитекторы сделали целых пять выходов с новой конечной станции — в торцах платформы, которые затем с одной стороны раздваиваются, а с другой троятся и с помощью дополнительных подземных переходов выводят на разные улицы. Каждый из входов обеспечен не только эскалатором, но и лифтом: «Уругвай» стала одной из первых станций MetroRio, полностью доступной для маломобильных групп населения. Еще одна ее особенность в том, что это первая станция в метрополитене Рио, где есть бесплатный общедоступный wi-fi.

Впрочем, по-настоящему уникальной станцию делает ее необычная конструктивная схема. Дело в том, что «Уругвай» построена на месте бывшего отстойного депо. У такого решения были очевидные плюсы: властям не пришлось строить новый тоннель и тянуть по нему пути, а значит, и движение наземного транспорта перекрывать не понадобилось. Но с другой стороны, как любое сугубо техническое сооружение, депо меньше всего было приспособлено для приема пассажиров, и именно это стало главной задачей для авторов проекта станции, бюро JBMC Architects.

Изначально депо не имело даже платформы, ибо для технического обслуживания составов она не нужна. Его пространство представляло собой три пути, разделенные двумя рядами колонн. Это были относительно тонкие и потому часто расположенные опоры (через каждые два метра!), которых в общей сложности насчитывалось 138. Для пассажирской станции это просто немыслимо много, поэтому архитекторы начали с поиска более оптимальной конструктивной схемы. В качестве альтернативы были предложены более массивные опоры круглого сечения, которые архитекторы расположили по центру станции. Всего их 23, и каждая имеет разветвленную «крону» подкосов — по три луча в сторону каждого пути, что

позволило обеспечить поддержку всего свода. Эти элементы были изготовлены заранее и смонтированы на будущей станции с собственно опорами, и лишь после этого частокол старых колонн был демонтирован. Интересно, что на конце каждого «луча» архитекторы разместили по плоскому круглому светильнику: их количество не только позволило наполнить станцию светом, но и обеспечило своего рода преемственность, символически напоминая о предыдущей структуре пространства.

Придуманная архитекторами шестилучевая система подкосов для каждой колонны и обилие светильников также скрадывают изначальную сильную неровность потолка — в бывшем депо о выразительности стен и сводов, конечно, никто не заботился. Исходный пол также скрыт от глаз пассажиров: над ним архитекторы соорудили островную платформу, а необходимость поднять ее выше путей позволила спрятать под ней всю необходимую инженерию, в частности, вентиляционные короба.

Массивность вновь созданных несущих конструкций архитекторы нивелируют с помощью глянцевой белоснежной краски, которой выкрашены и сами колонны, и подкосы. На фоне стен и потолка из необработанного бетона они выглядят очень нарядно. Впрочем, для стен JBMC разработали собственную

палитру: их центральная часть — та, что первой попадает в поле зрения пассажиров, прибывающих на поезде, — облицована металлическими панелями, цвета которых варьируются в пределах холодной части спектра. Чередование прямоугольников от светло-салатового через зеленый и бирюзовый до темно-синего как нельзя лучше подчеркивает постоянное движение, царящее на станции метро.

Верхние вестибюли отделаны еще ярче: там стены задекорированы и укреплены стальными шпунтовыми сваями, которые архитекторы выкрашивают в ярко-фиолетовый и солнечно-желтый. А сохраненные здесь колонны обернуты листами полированной до блеска стали, которая отражает, преумножая, как заданную архитекторами цветовую феерию, так и дневной свет, попадающий сюда через выполненные из стекла наземные входные вестибюли. Последние представляют собой прозрачные призмы со скошенными довольно узкими торцами: скромные габариты позволили им аккуратно вписаться между тротуарами и проезжей частью, а лаконичный, но подчеркнуто современный дизайн делает вестибюли очень заметными в панораме улиц Тижуки, олицетворяя «подключение» района к системе скоростного внеуличного транспорта.

© JBMC Architects/Nelson Kon

объект

© JBMC Architects/Nelson Kon

4

3 **Наземные вестибюли станции решены** подчеркнуто современно и при этом лаконично /
Ground lobbies of the stations designed in a pointedly modern and at the same time succinct way

4 **Фрагмент оформления кассового зала** /
Detail of the ticket hall design

On March 15th, 2014 the **Rio de Janeiro** metro acquired a new station. **Uruguay station** links the district of Tijuca to the city centre. It was designed by JBMC Architects, who converted — and brilliantly reconceived — what used to be an underground depot for use as a metro station.

The Rio de Janeiro metro started operating in 1979. And although it is considered the second largest metro system in Brazil (after São Paulo), it is of fairly modest extent. Its two lines (the orange Line 1 and the green Line 2) have a total of only 35 stations, covering a third of the city at most. However, MetroRio has ambitious plans: in the coming years a start is to be made on construction of two new lines, one of which will link the districts of Ipanema and Barra, while the other will connect the centre of Rio with Niterói, the city on the opposite side of Guanabara Bay. At the moment the connections are provided by the so-called metrô na superfície, i.e. "metro on the surface" — or, to put it more simply,

5

© JBMC Architects/Nelson Kon

объект

a network of bus routes linking scattered districts, taking account of Rio's famous gigantic traffic jams.

Uruguai station is a new terminal station and the 20th on Line 1. It links the city centre with the district of Tijuca, whose inhabitants had been waiting for the metro to reach them for more than 30 years. The city first announced its intention to build a station here back in 1982. Construction finally began in 2010; the station's basic structure was ready in 2012; and another 18 months were needed for the interior decoration and preparation for the official operational launch. It should also be said that a major impulse for realization of the project came from the forthcoming Olympic

Games, which Rio will host in 2016, and from last year's World Cup (football), important events which spurred the city to "re-launch" its transport infrastructure. And to be fair, Uruguai station is by no means the only new station to open on MetroRio — although it is, admittedly, almost certainly the most notable opening from the point of view of architecture.

Uruguai is a classic two-level station. The distributive halls, ticket offices, and turnstiles are on the intermediate level while the main, lower, level is given over to the platforms. In view of the district's urgent need for a metro station, the architects created no fewer than five entrances: the ways

В верхнем вестибюле архитекторы сохранили колонны, обернув их листами полированной стали /
In the upper lobby, the architects preserved the columns and wrapped them in sheets of polished stainless steel

6 **Выполненные из стекла, наземные вестибюли** в темное время суток подсвечиваются, превращаясь в заметный ориентир в панораме района /

When it is dark, the ground lobbies which are made of glass light up, turning into a significant landmark in the district's landscape

7 **Использовав для отделки вестибюля шпунтовые сваи,** архитекторы выкрасили их в самые яркие цвета /

Sheet piles were used for the lobby finishing, which the architects painted in the brightest of colors

out at the two ends of the platforms fork to form two additional underground passageways at one end and three at the other, leading to exits onto different streets. Each of the metro entrances is equipped with not just an escalator, but a lift as well: Uruguai is one of the first stations on MetroRio to be completely accessible to people of limited mobility. A further feature of this station is that it is the first on Rio's metro system to have free and publicly accessible Wi-Fi.

What makes this station truly unique, however, is its unusual structural basis. Uruguai has been built on the site of an old stabling depot. This is a strategy which has clear advantages: the city did not have to build a new tunnel or lay tracks along it, so there was no need to close the space above to surface traffic. But on the other hand, like any kind of profoundly technical structure, the depot could not have been worse suited to receiving passengers; adapting it for this purpose was the main task facing JBMC Architects, the team responsible for designing the station.

To begin with, the depot did not even have platforms (which are not required for servicing metro trains); it consisted of three tracks separated by two rows of columns. The columns were relatively slender and therefore frequent (placed every two meters), and there were 138 of them in all. For a passenger station this would have been an inconceivable number of columns, so the architects began by looking for a more acceptable structural framework.The alternative they proposed was supports of a more massive kind with a circular cross-section standing along the station's central axis. There are 23 such supports in all, and each has a dense "crown" of struts — three in the direction of each set of tracks, making it possible to support the entire vaulting structure. These elements were prefabricated before being installed at the station and it was only after this had been done that the rows of old columns were dismantled. In an interesting move, the architects placed flat circular lamps at the end of each strut. This multitude of lamps not only fills the station with light, but also ensures a kind of historical continuity, providing a symbolic reminder of the previous structure of this space.

The six-ray system of struts for each column and the abundance of light likewise disguise what was initially a very uneven ceiling (no one, of course, was in the least concerned about how the walls and vaulting looked when this was a depot). The old floor has also been concealed from passengers' sight: the architects have constructed an insular platform above the floor, and the necessity of raising the platform higher than the tracks made it possible to hide under it all the engineering systems required and, in particular, the ventilation boxes.

The massive character of the new load-bearing structures is softened by the glossy snow-white paint which has been used on the columns themselves and on the struts. Against the background of the walls and ceiling of unworked concrete, the columns and struts seem very smart. For the walls JBMC has devised a special colour scheme. The central part of the walls — the part which is seen by passengers arriving by train — is clad in metal panels in various cold colours. The succession of rectangles ranging from a light-salad colour through green and turquoise to dark-blue is the best possible way of underlining the constant movement which characterizes the metro station.

The upper entrance halls are even brighter. Here the walls are decorated and reinforced with

© JBMC Architects/Nelson Kon

© JBMC Architects/Nelson Kon

steel tongue-and-groove piles painted bright-violet and sunshine-yellow. The old columns which have been preserved here are wrapped in sheets of brilliantly polished steel which reflect and multiply both the feastof colour devised by the architects and the daylightentering this space through the glass surface entrance halls. The latter are transparent prisms with fairly narrow skewed side-ends. Their modest size has made it possible to fit them tidily between the pavements and the roadway, while the understated but emphatically modern design makes the entrances very conspicuous in the panorama of the local streets, embodying the way in which this district is "plugged in" to the city's high-speed off-street transport system.

8 Сквозь прозрачные входные вестибюли дневной свет свободно проникает в зону эскалаторов и лестниц /
Daylight penetrates freely through the transparent entrance lobbies into the escalators and stairs area

9 Новая станция имеет целых **пять выходов на улицу** /
The new station has altogether **five exits to the street**

© JBMC Architects

11

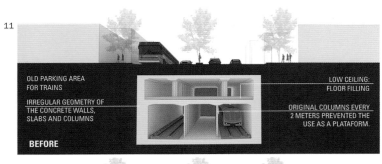

OLD PARKING AREA
FOR TRAINS

IRREGULAR GEOMETRY OF
THE CONCRETE WALLS,
SLABS AND COLUMNS

LOW CEILING:
FLOOR FILLING

ORIGINAL COLUMNS EVERY
2 METERS PREVENTED THE
USE AS A PLATAFORM.

BEFORE

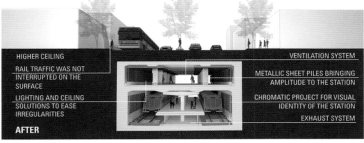

HIGHER CEILING

RAIL TRAFFIC WAS NOT
INTERRUPTED ON THE
SURFACE

LIGHTING AND CEILING
SOLUTIONS TO EASE
IRREGULARITIES

VENTILATION SYSTEM

METALLIC SHEET PILES BRINGING
AMPLITUDE TO THE STATION

CHROMATIC PROJECT FOR VISUAL
IDENTITY OF THE STATION

EXHAUST SYSTEM

AFTER

ACESS ROOFING
TRANSPARENCY

ACESS EXCAVATION
SYSTEM WITH METALIC
SHEET PILE

EXISTING COLUMNS
KEPT IN THE VERTICAL
CIRCULATION AREA.
METALIC PANELS
CLOSING

© JBMC Architects

12

© JBMC Architects/Nelson Kon

speech:

журнал и **интернет-издание**
новый формат, новые возможности /

magazine and **website**
new formats, new opportunities

speech:

энциклопедия архитектуры /
encyclopedia of architecture

 узнайте больше / more about project
www.archspeech.com

подписка и распространение /
distribution and subscription
+7 (495) **741-78-94**

Восемьдесят лет в поисках репрезентативности

Eighty years in search of representation

текст: Александр Змеул / text: Alexander Zmeul

1

© RolandHalbe

среда

15 мая 1935 года был открыт московский метрополитен. К этому времени подземная электрическая железная дорога уже существовала в Нью-Йорке, Лондоне, Берлине, Париже, Мадриде, всего более чем в 20 городах по всему миру. Однако, в отличие от этих метрополитенов, перед московским ставилась задача не только функциональная — перевозить пассажиров, но и идеологическая — быть дворцом для народа, наглядно демонстрируя преимущества социалистического строя над капиталистическим.

The Moscow metro opened on May 15, 1935. By this time, underground electric railways were already in existence in New York, London, Berlin, Paris, Madrid, in all in more than 20 cities worldwide. However, unlike these subways, Moscow was presented not only with the functional task — to carry passengers, but also ideological — to be a palace for the people, demonstrating the advantages of the socialist system over the capitalist.

1 **Станция метро «Маяковская»**
(1938, арх. А.Н. Душкин) /
Mayakovskaya metro station
(1938, arch. A. N. Dushkin)

2 **Наземный вестибюль станции
метро «Кропоткинская»**
(1935, арх. С.М. Кравец) /
**Entrance hall of Kropotkinskaya
station** (1935, arch. S.M. Kravets)

Тема «дворцовости» (или репрезентативности) проходит красной нитью через всю 80-летнюю историю московского метро, прервавшись лишь ненадолго в 1960-е годы. Первое советское метро строилось в рекордные сроки. Постановление о его создании было принято в 1931 году, строительство началось в 1933 году, а уже в 1935-м была открыта 11,2-километровая линия с 13 станциями. Несмотря на столь сжатые сроки, архитектуре будущих станций уделялось самое пристальное внимание. На их проекты активно проводились архитектурные конкурсы, итоги которых не менее активно обсуждались в профессиональной печати. Правда, почти сразу наметился явный парадокс: право проектирования в большинстве случаев отдавалось не победителям, а проекты самой станции и ее наземного вестибюля зачастую поручались разным авторам. Над обликом первой очереди метрополитена трудились как известные тогда архитекторы, так и молодые, причем работавшие в совсем разных стилистиках: «многожанровые» авторы Алексей Душкин («Дворец советов», ныне «Кропоткинская», 1935), Дмитрий Чечулин

(«Комсомольская», 1935) и Николай Колли («Смоленская», 1935, наземный вестибюль «Парка Горького»), адепт «пролетарской классики» Иван Фомин («Красные ворота», 1935), певец рационализма Николай Ладовский (наземный вестибюль «Красных ворот» и «Дзержинской», 1935).

Главным событием первой очереди стала станция «Дворец советов» (ныне «Кропоткинская», 1935, А.Н. Душкин, Я.Г. Лихтенберг), которая трактовалась как подземный вестибюль будущего грандиозного Дворца советов. Облик станции формируют два ряда десятигранных колонн, облицованных серовато-белым мрамором и увенчанных капителями, в которые вмонтированы невидимые снизу светильники.
Тема «дворцовости» в разных формах развивается и в станциях второй очереди — «Маяковской» (1938) и «Площади Революции» (1938), также спроектированных Алексеем Душкиным, ставшим впоследствии главным архитектором «Метрогипротранса».

И если станции московского метро, открытые в 1930-е годы, с определенными

© Depositphotos.com /scaliger

The theme of "palaces" (or representation) pervades the entire 80-year history of the Moscow metro, pausing only briefly in the 1960s. The first Soviet metro was built in record time. The decree establishing was adopted in 1931, construction began in 1933, and already in 1935 an 11.2-kilometer line opened with 13 stations. Despite such a short period of time, very close attention was paid to the architecture of the future stations. Architectural competitions were actively held for their projects, the results of which were no less actively discussed in professional publications. However, almost immediately there was an apparent paradox: in most cases, the right to design was not given to the winners but rather the design of the station and its ground vestibule was most often entrusted to various authors. On the look of the first stage of the metro worked both well-known architects, as well as young architects, and what's more they worked in very different styles: "multi-genre" authors as Alexey Dushkin (Palace of the Soviets, present day Kropotkinskaya, 1935), Dmitry Chechulin (Komsomolskaya, 1935), and Nikolai Kolli (Smolenskaya, 1935, ground vestibule of Gorky

Park), an adept of "proletarian classics" Ivan Fomin (Krasnye Vorota, 1935), and a proponent of rationalism Nikolay Ladovsky (ground vestibules of Krasnye Vorota and Dzerzhinskaya, 1935).

The pinnacle of the first stage was the Dvorets Sovetov (Palace of the Soviets) station (present day Kropotkinskaya, 1935, A. Dushkin, Ya. Likhtenberg), which was planned as the underground vestibule of the future grandiose Palace of the Soviets. The station layout is shaped by two rows of decahedral columns, lined with gray-white marble and topped with capitals, which are mounted with lights that cannot be seen from below. The theme of "palace" in different forms continues to develop in stations of the second stage — Mayakovskaya (1938) and Ploshcad Revolyutsii (1938), also designed by Alexey Dushkin, who later became the chief architect of Metrogiprotrans (State Planning Institute for Metro and Transport Infrastructure Construction).

If the Moscow metro stations that were opened in the 1930s, with certain assumptions can be attributed to the style of Art Deco, then the war and postwar stations became examples of the Stalinist style in its full-fledged form. The

3 **Станция метро «Площадь Революции»**
(1938, арх. А.Н. Душкин) /

Ploshchad Revolyutsii station
(1938, arch. A.N. Dushkin)

© RolandHalbe

© Depositphotos.com/ scaliger

Именно во второй половине 70-х — начале 80-х сложился образ станции московского метрополитена, который отчасти тиражируется и сегодня

4 Входной вестибюль станции метро «Чистые пруды» (1935, арх. Н. Д. Колли, Л. П. Шухарева) /
Entrance hall of Chistye Prudy station (1935, arch. N.D. Kolli, L.P. Shukhareva)

5 Станция метро «Аэропорт» (1938, арх. Б. С. Виленский, В. А. Ершов при участии Т. Вайнера, В. Сдобнова) /
Aeroport station (1938, arch. B.S. Wilensky, V.A. Ershov)

допущениями можно отнести к стилю ар деко, то военные и послевоенные станции стали образцами сталинского стиля в его законченном виде. Станции Кольцевой линии и Арбатского радиуса, открытые в 1950–54 гг., были насквозь пронизаны темой триумфа советского народа и недавней победы. Архитектура станций становится даже не дворцовой уже, а почти храмовой, формы все масштабнее, декор все помпезнее. В убранстве станций можно обнаружить мотивы барокко («Арбатская», 1953), ампира («Комсомольская», 1952), темы древнерусского зодчества («Добрынинская», 1950). Укрупняется масштаб наземных вестибюлей, при этом не столь репрезентативные сооружения, построенные менее 20 лет назад, безжалостно сносятся. Метро становится в буквальном смысле сталинским — многочисленные изображения «вождя народов» украшали многие послевоенные станции метро.

В 1954 году, всего через год после окончания строительства Кольцевой линии, по инициативе нового советского лидера Никиты Хрущева было принято постановление «Об устранении излишеств в проектировании и строительстве», означавшее конец сталинской архитектуры. И хотя про метрополитен там не было ни слова, все обличающие формулировки можно было смело к нему отнести. «Увлекаясь показной стороной, многие архитекторы занимаются главным образом украшением фасадов зданий… Ничем не оправданные башенные надстройки, многочисленные декоративные колоннады и портики и другие архитектурные излишества, заимствованные из прошлого, стали массовым явлением… При проектировании и строительстве вокзалов также имеет место неправильное направление в архитектуре, выражающееся в создании вокзалов-дворцов». Отдельно в постановлении указывалось, что трижды лауреат Сталинской премии (причем дважды — за станции метрополитена) Алексей Душкин должен быть снят с должности начальника «Метропроекта», а архитектор Леонид Поляков лишен Сталинской премии, полученной за станцию «Калужская» (ныне «Октябрьская») Кольцевой линии.

Утверждение, что «советской архитектуре должна быть свойственна простота, строгость форм и экономичность решений» вполне совпало с мировыми послевоенными трендами. Проекты строящихся станций стали резко упрощаться, авторы отказались от облицовки и тем более от декора. В типовых микрорайонах и станции должны быть типовые; и в метро появились свои хрущевки — так называемые «сороконожки», конструкция которых больше чем на три десятилетия определила облик периферийных станций метро. Такая станция представляла собой сборную конструкцию — два ряда по 40 (впоследствии 26) квадратных железобетонных колонн. Работа архитекторов сводилась к возможности выбрать цвет и рисунок гранита для пола, мрамора для колонн и плитки для путевых стен. Первые станции этого типа появились в 1962 году, что символично, на Калужском радиусе, который вел в Новые Черемушки — микрорайон, чье название стало нарицательным для обозначения типовых спальных районов. Впрочем, постепенно требования несколько смягчились, и на открывшемся в 1965 году Ждановском радиусе в оформлении станций уже

6 **Станция метро «Сокольники»**
(1935, арх. И.Г. Таранов, Н. А. Быкова) /
Sokolniki station (1935, arch.
I.G. Taranov, N.A. Bykova)

7 **Распределительный вестибюль
станции метро «Курская»
Арбатско-Покровской линии**
(1938, арх. Л.М. Поляков) /
**Antehall of Kurskaya station,
Arbatsko-Pokrovskaya Line**
(1938, arch. L.M. Polyakov)

8 **Аванзал перед эскалатором на
станцию «Курская»** Арбатско-
Покровской линии /
Antehall of Kurskaya station, Arbatsko-
Pokrovskaya Line

© Alexander Popov

© Alexander Popov

stations of the Koltsevaya Line and the Arbatsko-Pokrovskaya radial line that were opened in 1950-1954 were thoroughly imbued with the theme of the triumph of the Soviet people and the recent victory. The architecture of the stations became not just simply palatial, but rather almost temple-like, the forms being bigger, and the ornamentation more pompous. In the decoration of the stations, baroque (Arbatskaya, 1953) and empire (Komsomolskaya, 1952) motifs can be found, as well as the theme of ancient Russian architecture (Dobryninskaya, 1950). The scale of the ground vestibule was enlarged, while not so significant structures built less than 20 years before were ruthlessly demolished. The metro becomes literally Stalinist — numerous images of the "leader of the people" adorned many postwar metro stations.

In 1954, just one year after the completion of the Koltsevaya Line, on the initiative of the new Soviet leader Nikita Khrushchev a resolution was adopted "On the elimination of excesses in design and construction", signifying the end of Stalinist architecture. Although there was not a word about the metro, all the denouncing wording could easily apply to it. "Carried away by the flashy side, many architects are mainly engaged in the decoration of building facades... Unjustified tower superstructures, numerous decorative colonnades and porticos and other architectural excesses, borrowed from the past, have become a mass phenomenon... In the design and construction of train stations also went in the wrong direction in architecture, reflected in the creation of train station palaces". Separately in the order, it was indicated that the three-time winner of the Stalin Prize (at that twice for metro stations) Alexey Dushkin must be removed from the post of Chief of Metroproekt, and the architect Leonid Polyakov be deprived of the Stalin Prize which he received for Kaluzhskaya station (present day Oktyabrskaya) on the Koltsevaya Line.

The assertion that "Soviet architecture should be characterized by simplicity, rigor in form, and efficiency in design" fully coincided with post-war trends worldwide. The designs of stations under construction became dramatically simplified; the authors turned away from cladding and especially away from decoration. In typical residential districts stations too must be typical; and in the metro appeared their own version of khrushchevki —

13 speech: environment **165**

© Depositphotos.com /scaliger

9 **Станция метро «Комсомольская» Кольцевой линии** (1952, арх. А.В. Щусев, В.Д. Кокорин, А.Ю. Заболотная, В.С. Варванин, О. А. Великорецкий) /

Komsomolskaya station, Koltsevaya Line (1952, arch. A.V. Schusev, V.D. Kokorin, A.Y. Zabolotnaya, V.S. Varvarin, O.A. Verikoretskiy)

фигурировали панно и некоторые другие декоративные элементы.

Именно в хрущевское время появились первые наземные линии и станции, что объяснялось снижением стоимости строительства. Но, безусловно, в этом был и символический смысл — метро вырвалось наружу. На запад Москвы был проложен полностью наземный Филевский радиус, за помпезной «Партизанской» (1944) появилась станция «Измайловская» (1961), больше похожая на дачную платформу, а над рекой, на мосту, открылась станция «Ленинские горы», которая соседствовала с одним из первых и едва ли не самых романтичных зданий «оттепели» — Дворцом пионеров.

Новый этап строительства метро пришелся на начало 1971 года, когда были открыты две станции: «Китай-город» и «Третьяковская». За прошедшие с момента основания метро 30 лет это были первые станции, построенные в пределах Кольцевой линии. Чеканные карнизы из алюминия над колоннами, металлические решетки на путевых стенах с изображением зажженного факела, серпа и молота, — это было новое

прочтение «дворцовой тематики», пока еще очень скромное. Именно во второй половине 70-х — начале 80-х сложился образ станции московского метрополитена, который отчасти тиражируется и сегодня. Наиболее помпезно решались станции глубокого заложения (прежде всего в центре), получившие массивные пилоны и многочисленные декоративные элементы. Во второй половине 1970-х и 1980-х годах в московской подземке были возведены настоящие дворцы, отсылающие к архитектуре 30-50-х годов: «Пушкинская» (1975), «Чертановская» (1983), «Марксистская» (1979), «Площадь Ильича» (1979). На окраинах же, где сооружались станции мелкого заложения, применялись, в основном, два типа — колонная «сороконожка», модифицированная до 26 колонн, и вернувшиеся после многолетнего перерыва в московское метро односводчатые станции. При этом каждой станции полагалось «программное» художественное оформление на какую-либо тему, например, «Молодежь» («Полянка», 1986), «Древняя история Москвы» («Нагатинская», 1983), «Охрана окружающей среды» («Нагорная», 1983) и даже «История

10

11

the so-called "centipede", the design of which for more than three decades shaped the peripheral metro stations. Such a station was a modular construction — two rows of 40 (later 26) square concrete columns. The work of architects was reduced to the ability to choose the color and pattern of the granite flooring, the marble for the columns, and the tiles for the track walls. The first station of this type appeared in 1962, and symbolically it was on the Kaluzhsko-Rizhskaya radial line which led to Novye Cheryomushki — the neighborhood whose name became a byword for designating typical residential districts. However, gradually the requirements were somewhat softened, and the stations that opened in 1965 on the Zhdanovsky radial line had designs that already featured panels and some other decorative elements.

The first land lines and stations appeared in Khrushchev's time, which can be attributed to a decrease in the cost of construction. But, of course, there was also a symbolic meaning — the metro escaped to the outside. To the west of Moscow the completely above ground Filevskiy radial line was built, and after the pompous Partizanskaya station (1944) appeared Izmailovskaya station (1961), which looked more like an outer city platform, and on a bridge over the river, the Leninskiye Gory station opened which was neighbors with one of the first and perhaps the most romantic buildings of the "thaw" — the Pioneer Palace.

A new stage of metro construction began in 1971 with the opening of two stations — Kitay-Gorod and Tretyakovskaya. In the 30 years since the founding of the metro, these were the first stations built within the Koltsevaya Line. Embossed aluminum cornices above the columns, metal grates on the track walls with images of a lit torch or hammer and sickle; — this new interpretation of the "palace theme" was still very modest. The form of Moscow metro stations which are to some degree replicated today emerged particularly during the second half of the 70s early 80s. The stations with deep foundations (especially in the center) were designed more grandiosely with massive pillars and numerous decorative elements. In the Moscow metro in the second half of the 1970s and 1980s, true palaces were constructed, referring back to the architecture of the 1930s-1950s: Pushkinskaya (1975), Chertanovskaya (1983), Marksistskaya (1979), and Ploshchad Ilyicha (1979). In the same outskirts where shallow stations were constructed, mainly two types were used — the column "centipede" modified to 26 columns,

политической каторги в России» («Шоссе энтузиастов», 1979).

Распад СССР, резкое снижение финансирования, а значит, и объемов строительства, привели к тому, что единственной линией московского метро, открывшейся 1990-е годы, стал Люблинский радиус. Спроектирован он был, конечно, еще при советской власти, и хотя при его строительстве применялись новые типы конструкций, которые давали больше возможностей для архитекторов, в художественном отношении станции Люблинской линии не принесли никаких откровений.

В 2000-х годах в метро, как и в большинстве объектов городского заказа того времени, царила «вневременная» и «внестилевая» архитектура, которую нельзя было назвать ни классической, ни современной, ни даже постмодернистской. Отчасти это объяснялось тем, что некоторые станции строились почти 20 лет, по сути это была достройка больших советских проектов. Характерным примером стала станция «Парк Победы», открытая в 2003 году рядом с мемориалом Великой Отечественной войны на Поклонной горе. Это огромное, подавляющее пространство, состоящее из двух параллельных одинаковых

12

14

13

© Alexander Popov

In the 2000s, the metro, like the majority of sites commissioned by the city at that time, was dominated by "timeless" and "style-less" architecture, which was neither classical nor modern, nor even post-modern

and single-vault stations, which returned to the Moscow metro after a long break. In addition, each station was assigned a "programmatic" decorative design based on some sort of topic, such as youth (Polyanka, 1986), ancient history of Moscow (Nagatinskaya, 1983), environmental protection (Nagornaya, 1983) and even the history of political hard labor in Russia (Shosse Entuziastov, 1979).

The collapse of the Soviet Union, a sharp decline in funding and, therefore, also in the volume of construction, led to the fact that the only line of the Moscow metro that was opened in the 1990s was the Lyublinskiy radial line. It was designed, of course, during the Soviet era, and

although in its construction new types of structural design were used which gave more possibilities for architects, artistically the stations of the Lublinskiy line produced no breakthroughs.

In the 2000s, the metro, like the majority of sites commissioned by the city at that time, was dominated by "timeless" and "style-less" architecture, which was neither classical nor modern, nor even post-modern. This is partly explained by the fact that some stations were under construction for nearly 20 years, and essentially they were the extended construction of large Soviet projects. An indicative example is the Park Pobedy station which opened in 2003

пилонных залов, по масштабу сходных с «Комсомольской»-кольцевой, а по композиции с «Красными воротами». Причем единственным отличием залов друг от друга стала цветовая гамма: в одном белые пилоны и коричневые путевые стены, в другом — наоборот.

Тем не менее поиски новых форм, нового языка продолжались и принесли несколько интересных результатов. Так, станцию «Волоколамская» (2009) можно считать новым интересным прочтением традиций московского метро: ее образ определяют высокие своды с аркадами, которые образуют трехнефную композицию, придающую станции отчасти неоготический облик. В «Волоколамской» можно

усмотреть отсыл и к построенной 80 лет назад «Кропоткинской», и к «Кузнецкому мосту» 40-летней давности. Особое место в архитектуре московского метро последних 15 лет заняли односводчатые станции, которые получили широкое распространение как более удобные в эксплуатации (пассажиропоток более равномерно распределяется по платформе, легче осуществляется и уборка платформы). При их проектировании большое внимание уделялось работе с конструкцией свода и освещению. Одним из самых интересных решений стала станция «Новокосино» (2012): оригинальный кессонированный потолок, разделенный диагональными ребрами,

15

© Depositphotos.com/Nata48

next to the memorial of the Great Patriotic War on Poklonnaya Hill. This is a huge, vast space, consisting of two identical, parallel, pylon halls, similar to the Koltsevaya Line Komsomolskaya station in scale, and to Krasnye Vorota in design. Moreover, the only difference between the halls was the color scheme: in one hall there were white pylons and brown track walls, in the other it was the reverse.

Nevertheless, the search for new forms and for a new language continued and brought about some interesting results. For instance, Volokolamskaya station (2009) can be considered a new and interesting interpretation of Moscow metro traditions: its form consists of high vaults with arcades, which form a three-nave composition that gives the station a kind of neo-Gothic appearance. In Volokolamskaya one can observe a reference to the Kropotkinskaya station built 80 years ago, and to the 40-year-old Kuznetsky Most station. A special position in the architecture of the Moscow metro in the last 15 years has been occupied by single-vault stations which are widely used as more user-friendly stations (passenger traffic is more evenly distributed on the platform, and cleaning the platform is easier). In their project development a lot of attention was paid to the design of the roof and lighting. One of the most interesting designs can be seen in the Novokosino station

© Depositphotos.com /Stoyanov

© Depositphotos.com /rogkoff

© Leonid Borzenkov

© Leonid Borzenkov

© Leonid Borzenkov

© Leonid Borzenkov

20–21 Станция «Жулебино»
(2013, арх. Л.Л. Борзенков,
М.В. Волович, С.Ф. Костиков,
Т.А. Нагиева, Н.Н. Солдатова,
В.К. Уваров) /
Zhulebino station
(2013, arch. L.L. Borzenkov, M.V.
Volovitch, S.F. Kostikov, T.A. Nagieva,
N.N. Soldatova, V.K. Uvarov)

дополнен сложной системой освещения. При этом станция предельно графична, ее основные цвета — белый, черный, серый. Иногда в поисках выразительного образа архитекторы идут дальше, отказываясь от применения традиционных для московского метро материалов и решений в пользу более современных и распространенных в других странах. Так, в основу архитектурного облика станций «Лермонтовский проспект» (2013) и «Жулебино» (2013) заложена цветовая шкала спектра, меняющаяся от зеленого к красно-оранжевому. Такое необычное цветовое решение призвано создать радостное настроение у пассажиров, приезжающих в «спальные» районы. Появляются и примеры нового взгляда на традиционное для московского метро художественное оформление. На станциях «Битцевский парк» и «Спартак», открытых в 2014 году, впервые использованы панно, созданные с помощью печати на стекле.

Тема панно (худ. В. Бубнов) на «Битцевском парке» — жизнеутверждающие изображения гуляющих людей, собак, всадников. Панно на путевых стенах станции «Спартак», расположенной около нового стадиона популярной московской футбольной команды, вполне предсказуемо посвящены теме футбола и олимпийских игр. Подобные элементы привнесли в эстетику московского метро совершенно новое измерение — они полностью лишены характерного пафоса и нарочитости. Интересно, что станция «Спартак» — это типичная «сороконожка» 1970-х, почти 40 лет простоявшая законсервированной на действующем перегоне. Выяснилось, что даже такой станции можно придать новое звучание, причем с помощью достаточно простых приемов — подвесного потолка, закарнизного освещения и панно, благодаря которым она выглядит привлекательно и современно.

(2012): the distinctive coffered ceiling divided by diagonal ribs is supplemented with a complex lighting system. In addition this station has an extremely graphic quality: its main colors are white, black, and gray. Sometimes architects went even further in the search for an expressive from, avoiding materials and designs which are traditional for the Moscow metro in favor of those that are more modern and more popular in other countries. For example, a range of the color spectrum changing from green to red-orange is used in creating the architectural look of the Lermontovskiy Prospekt (2013) and Zhulebino (2013) stations. Such an unusual color scheme is designed to produce a joyful mood in passengers arriving in the "sleeping" districts. There are also examples of a new approach to the legacy of Moscow metro decoration. At the Bitsevsky Park and Spartak stations which were opened in 2014, panels created by printing on glass were

used for the first time. The subject of the panels (author V. Bubnov) at Bitsevsky Park consists of reassuring images of people walking, dogs, and horse riders. The panels on the platform walls at the Spartak station located near the new stadium of the popular Moscow football team predictably are dedicated to the themes of football and the Olympic Games. Such elements have introduced a whole new dimension into the aesthetics of the Moscow metro — they are totally devoid of the characteristic flashiness and ostentatiousness. It is interesting that Spartak is a typical "centipede" station of the 1970s, which for almost 40 years was temporarily abandoned and stood idle on the operating line. It turned out that even such a station can be given a new meaning, moreover with the help of relatively simple techniques — a suspended ceiling, cove lighting, and panels, as a result making the station look attractive and modern.

22 **Станция метро «Лермонтовский проспект»** (2013, арх. Л.Л. Борзенков, М.В. Волович, С.Ф. Костиков, Т.А. Нагиева, Н.Н. Солдатова, В.К. Уваров) /
Lermontovskiy prospekt station (2013, arch. L.L. Borzenkov, M.V. Volovitch, S.F. Kostikov, T.A. Nagieva, N.N. Soldatova, V.K. Uvarov)

23

© Leonid Borzenkov

24

© Leonid Borzenkov

© Leonid Borzenkov

26 Платформа станции метро «Солнцево». Конкурсный проект. Арх. бюро Wall (Россия) /
Solntsevo station, competition project. Arch. Wall (Russia)

27 Входной павильон станции метро «Солнцево». Конкурсный проект. Арх. бюро Wall (Россия) /
Solntsevo station, entrance, competition project. Arch. Wall (Russia)

28 Кассовый зал станции метро «Солнцево». Конкурсный проект. Арх. Антон Барклянский (Россия) /
Solntsevo station, ticket office hall, competition project. Arch. Anton Barklyanskiy (Russia)

Важной вехой в развитии метро стало принятие мэром Москвы Сергеем Собяниным амбициозной программы, предусматривающей с 2011 по 2020 год строительство более 160 км линий метро и 78 новых станций. Это позволит снизить нагрузку на действующую сеть метро, а также обеспечит «шаговую доступность» к станциям для 93% жителей российской столицы. Столь масштабная программа потребовала привлечения иностранных специалистов как к строительству, так и к проектированию объектов подземки, что, хочется надеяться, принесет московскому метро принципиально новые архитектурные решения. Первый шаг на этом пути уже сделан — в 2014 году Стройкомплекс Москвы объявил международный конкурс на разработку архитектурно-художественного и дизайнерского решения станций «Солнцево» и «Новопеределкино» Калининско-Солнцевской линии метро (оператор состязания — КБ «Стрелка»). Конкурсное задание предписывало создать «современный, яркий, запоминающийся дизайн», и шорт-лист состязания (по пять проектов для каждой станции) показал интерес архитекторов к теме метростроения. Работы финалистов отличают современный взгляд на образ станции метро, интерес к новым материалам и попытки переосмыслить московские традиции в русле актуальных мировых тенденций. Ⓢ

An important milestone in the development of the metro was Moscow Mayor Sergei Sobyanin's adoption of the ambitious program for 2011 to 2020 which stipulated the construction of more than 160 km of metro lines and 78 new stations. This will allow the load on the existing metro network to be reduced, as well as provide 93% of the residents of the Russian capital with "close proximity" to a station. Such a large-scale program required the recruitment of foreign specialists for the construction as well as the design of underground facilities that, hopefully, will bring fundamentally new architectural designs to the Moscow metro. The first step in this direction has already been made — in 2014 Moscow City Division of Urban Development and

Construction has announced an international competition for the development of the aesthetic and architectural design of the Solntsevo and Novoperedelkino stations of the Kalininsko-Solntsevskaya line of the metro (the manager of competition is Strelka KB).
The task of the competition instructed to create a "modern, bright, eye-catching design" and the competition short-list (five projects for each station) has demonstrated architects' interest in the topic of metro construction. The works of the finalists highlight the image of the metro station from a modern perspective, an interest in new materials, and attempts to reimagine Moscow traditions in line with current global trends. ⑤

29 **Входной павильон станции метро «Новопеределкино».** Конкурсный проект. Арх. бюро Gerber Architekten (Германия) /
Novoperedelkino station, entrance, competition project. Arch. Gerber Architekten (Germany)

30 **Платформа станции метро «Новопеределкино».** Конкурсный проект. Арх. бюро NEFARESEARCH (Россия) /
Novoperedelkino station, competition project. Arch. NEFARESEARCH (Russia)

31 **Входной павильон станции метро «Солнцево».** Конкурсный проект. Арх. Антон Барклянский /
Solntsevo station, entrance, competition project. Arch. Anton Barklyanskiy (Russia)

Ракушки на фоне небоскребов

Shells against a background of skyscrapers

текст: Артем Дежурко / **text:** Artem Dezhurko

© Aedas

среда

Метрополитен Дубая — самая большая полностью автоматизированная рельсовая система в мире. Кроме того, это самое молодое метро в городе-миллионнике. Сейчас оно состоит из двух линий с 49 станциями, а в 2030 году, когда его планируют построить до конца, будет иметь пять линий общей протяженностью 421 км и 197 станций.

The Dubai metro is the largest completely automated railway system in the world. It is also the world's youngest metro in a city with a population of one million or more. Currently, it consists of two lines with 49 stations, but in 2030, by which time construction of the system will have been completed, it will have five lines, a total length of 421 km, and 197 stations.

© Aedas

© Aedas

Дубай — стремительно растущий город. В 1985 году в нем проживали около 370 тысяч человек. В 2005 году, когда начиналось строительство метро, число жителей уже перевалило за миллион, а в 2013 году — за два. Город разросся, вытянулся вдоль морского берега, занимая теперь четверть территории эмирата Дубай и всю его береговую линию.

Еще недавно дубайцы мало пользовались общественным транспортом. Предпочитали личные автомобили. Но дорожная сеть с каждым годом становилась все теснее для растущего транспортного потока. Поэтому и было принято решение о строительстве метрополитена. Возводили его с чисто дубайской стремительностью: в 2005 году тендер на строительство метро выиграл DURL (Dubai Rapid Link) — консорциум, состоящий из четырех японских и одной турецкой инженерных компаний (он был создан специально для строительства дубайского метро); в том же году метро заложили, а четыре года спустя, 9 сентября 2009 года в 9 часов 9 минут 9 секунд, открылись десять станций первой линии. В течение двух лет первая линия была полностью достроена, а в сентябре 2011 года открылась вторая.

Сейчас метро состоит из двух линий, красной и зеленой. Красная (52 км и 29 станций) тянется вдоль морского берега, дублируя главную городскую улицу — шоссе шейха Зайеда. Зеленая линия (22 км и 20 станций) проходит дугой через центр города, дважды пересекаясь с красной. Через центр города метро проходит по подземным тоннелям, через окраины — над землей, по виадукам. Так как исторический Дубай намного меньше по площади, чем его растущие пригороды, то и метро в основном — наземное (половина зеленой линии и большая часть красной). На прямой виадук красной линии, уходящей на северо-запад от центра, нанизаны, как бусины, одинаковые павильоны станций, к которым через многополосное шоссе шейха Зайеда переброшены пешеходные мосты.

Возле каждой станции дубайского метро есть остановки автобусов и такси, возле большинства — парковки. Поезда идут по линиям каждые семь минут, в час пик — чаще. За первый год работы метро перевезло 30 млн пассажиров, и эта впечатляющая цифра оказалась лишь стартом. Почти столько же — 33,3 млн — оно перевезло в первый квартал

Dubai is a rapidly growing city. In 1985 it had a population of only 370,000. In 2005, when construction of the metro started, the number of inhabitants already exceeded one million, and in 2013, two million. Dubai has expanded and stretched out along the seashore; it now occupies a fourth of the territory of the emirate of Dubai and its entire shoreline.

It was not so long ago that inhabitants of Dubai made little use of public transport, preferring to get around the city by private car. But with each passing year the city's roads offered ever less space for the growing amounts of traffic. So it was decided to build a metro system. Construction proceeded with the speed which is characteristic of Dubai: in 2005 the bid to build the metro was won by DURL (Dubai Rapid Link), a consortium consisting of four Japanese and one Turkish company (the consortium was set up specially to build the Dubai metro). Construction work began in the same year and four years later, on September 9th 2009, at nine minutes and nine seconds past nine o'clock in the morning, ten stations began operating on the system's first line. Over the following two years construction of the first line was completed and in September 2011 the second line opened.

Dubai's metro system now consists of two lines — the red and the green. The red (52 km, 29 stations) stretches along the seashore, running parallel to the city's main street, Sheikh Zayed Road. The green line (22 km, 20 stations) runs in an arc through the city centre, crossing the red line at two points. In the city centre the metro is situated in underground tunnels, while on the outskirts of the city it takes the form of an elevated railway carried by viaducts. Since historical Dubai is smaller than its rapidly growing suburbs, the metro as a whole (half of the green line and most of the red line) is above ground. The viaduct carrying the red line, which heads north-west from the centre, is straight; threaded onto it, like beads onto a necklace, are identical pavilion-like stations accessed by pedestrian bridges over the multi-lane Sheikh Zayed Road.

Each metro station in Dubai has bus stops and a taxi rank nearby, and most also have a car park. The trains arrive every seven minutes and with greater frequency during the rush hour. In its first year of operation the metro carried 30 million passengers, and this impressive figure was merely the start. It carried almost the same number — 33.3 million — in just the first quarter of 2013, and by the time construction of the entire system is finished it will have the capacity to carry 1.2 million people each day.

So, the Dubai metro is a fully automated system. This means that there are no train drivers and no driver's cabins; passengers who pay double for their ticket can sit at the front of the first coach, from where they get the best views of Dubai's skyscrapers. The tracks at each station are separated from the platform by protective transparent partitions and a computer ensures that when trains arrive at the station they stop precisely opposite the doors in these glass partitions.

In other words, the Dubai metro is, above all, a complex engineering system. Architecture here plays what is to a certain extent a secondary role, as is evident from the fact that there was no separate architecture competition held for the design of the metro. Instead, a bids competition was held between engineering consortia, the winner of which was itself responsible for hiring an

2013 года, а к моменту окончания строительства всех станций эта транспортная система сможет перевозить до 1,2 млн человек в день.

Как уже было сказано, метро Дубая — полностью автоматизированная система. Значит, в поездах нет ни машинистов, ни кабин, и пассажиры, заплатившие за билет двойную цену, могут занять места у лобового стекла первого вагона, откуда открываются лучшие виды на дубайские небоскребы. Пути от каждой платформы отделены защитными прозрачными перегородками, и за тем, чтобы прибывающие составы останавливались строго напротив дверей в этих стеклянных стенах, также следит компьютер.

Иными словами, дубайское метро — это, в первую очередь, инженерная система, сложная и совершенная. Архитектура здесь играет в известном смысле второстепенную роль. Об этом можно судить хотя бы по тому, что на проект метро не проводился отдельный архитектурный конкурс. Был лишь тендер между инженерными консорциумами, и уже победитель сам нанял архитектурное бюро как субподрядчика. Впрочем, это не значит, что инженерные компании состязались за право строить метро Дубая, не имея на руках никакой его архитектурной концепции: как обычно принято в таких случаях, все они шли на тендер с уже готовыми эскизами. И для Aedas эскизы стали «билетом в будущее»: дело в том, что эта компания участвовала в тендере в составе другого консорциума, но и руководство DURL, и жюри были так впечатлены ее концепцией, что победитель «взял на работу» участника проигравшей команды.

Aedas — одна из крупнейших архитектурных фирм в мире. Если точнее, она входит в пятерку самых крупных. У фирмы 12 офисов в разных странах, 1400 сотрудников и множество проектов по всему миру, в основном в Азии. Строили они и в ОАЭ: три года назад по их проекту были закончены многофункциональные комплексы Boulevard Plaza, Ocean Heights и небоскребы U-bora. Что же касается дубайского метро, то над проектом станций работали 75 сотрудников фирмы, в основном из сингапурского офиса. При этом интересно, что Aedas не работал над всей системой метро: компания проектировала только самые крупные и ответственные элементы структуры — станции и депо. Даже у пешеходных мостов, которые кажутся естественным продолжением павильонов наземных станций, другие авторы.

Станции дубайского метро типовые. Всего архитекторы разработали три типа наземных станций: обладающие идентичными очертаниями и конструкциями, они отличаются друг от друга в основном этажностью. Город ставил перед проектировщиками следующую задачу: «Архитектура станции должна иметь эстетичную форму и уникальный, инновационный и знаковый внешний вид, отражающий идентичность и характер Дубая». Чиновники всего мира изъясняются одинаково. Aedas постарался достойно выполнить задание: в подготовительных проектах архитекторы вдохновлялись то очертаниями крыльев сокола, то парусами дау (арабских морских лодок), пока не остановились, наконец, на образе раковины жемчужницы. Пока в Эмиратах не нашли нефть, жемчужный промысел был главной статьей дубайской экономики. Еще яснее символика формы для тех, кто говорит на английском языке: каркасные коконы павильонов, сами по себе не слишком-то напоминающие раковину моллюска, — это самонесущие оболочки, которые по-английски часто называются «раковиной», shell.

Прежде чем построить геометрию этих «раковин», архитекторы провели параметрическое исследование. Они сравнили несколько вариантов формы и остановились на эллиптическом конусе, сравнительно простой фигуре, которая позволяет сделать облицовку из стандартных плоских прямоугольных панелей. Строили павильоны особым образом: от центра к краям. С обеих сторон кровля консолью нависает над рельсами. Благодаря «симметричному» монтажу эти свесы росли одновременно, уравновешивая друг друга.

6

© Aedas

In devising the appearance of new infrastructure which will set the standard for the megalopolis' entire transport system for decades to come, the architects have found the ideal balance between two fundamental elements of modern architecture — iconicism and context

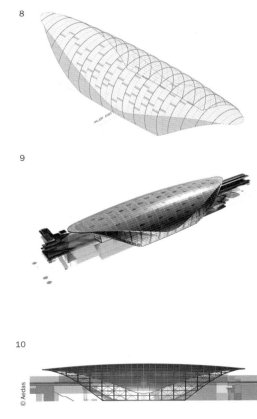

architecture firm as a subcontractor. However, this does not mean that the engineering companies contested the right to build the Dubai metro without having an architecture concept to hand in: as is the usual practice in such cases, they all submitted architectural design sketches to the competition. These sketches were Aedas' "ticket to the future": it took part in the competition as part of another consortium, but DURL's management and the jury were so impressed by its concept that the competition winner "hired" part of the losing team.

Aedas is one of the largest architecture firms in the world. To be more precise, it is one of the five largest firms, having 12 offices in various countries, 1400 employees, and numerous projects all over the world, mainly in Asia. Aedas has also designed buildings in the UAE, including Ocean Heights, Boulevard Plaza and U-bora Towers in Dubai, all of which were completed three years ago. Aedas' proposals for the Dubai metro were worked on by 75 employees, mainly in its Singapore office. Interestingly, Aedas did not work on the entire metro system, but designed only its largest and most important parts: the stations and depots.

Even the pedestrian bridges, which seem a natural continuation of the above-ground stations, are the work of other architects).

The stations on the Dubai metro system are all of standard types. In all, the architects developed three types of above-ground stations; these have identical silhouettes and structures, differing from each other mainly in their number of storeys. The city gave the planners the following brief: "The architecture of the station should be aesthetically pleasing and possess a unique, innovative, and iconic appearance which reflects Dubai's character and identity." Of course, civil servants express themselves in much the same way all over the world. Aedas tried their best: in their preparatory sketches they were inspired by the shape of a falcon wing, then by the sails of a dhow (an Arab sea-going boat) until finally they settled on the image of a pearl shell. Until oil was discovered in the emirates, pearling had been the mainstay of Dubai's economy. The chosen shape has an even clearer symbolism for those who speak English: the framework cocoons of the pavilions, which do not in themselves bear all that much of a resemblance to

© Aedas

среда

© Aedas

© Aedas

11 **Станция метро и путепровод** в панораме города /
Metro station and tracks in the panorama of the city

12–13 **Фрагмент облицовки** /
Detail of the cladding

© Aedas

Дубайское метро — это, в первую очередь, инженерная система, сложная и совершенная. Архитектура здесь играет в известном смысле второстепенную роль.

Архитекторы остроумно оправдывают единообразие павильонов тем, что в городе, перенасыщенном «знаковой» архитектурой, глаз должен на чем-то отдыхать. К тому же, по их словам, «кровля, похожая на раковину, служит как бы логотипом метрополитена, по ней станцию легко идентифицировать и найти. В Дубае большие расстояния между домами, и станции видны издалека».

Как уже говорилось, в центре города метро опускается под землю. Входные павильоны подземных станций построены в духе традиционного арабского зодчества, с «ингредиентами», как говорят архитекторы, местной народной архитектуры: стрельчатыми арками, орнаментальными решетками и башенками, которые в старых арабских домах работают как примитивные кондиционеры, а в павильонах метро играют чисто декоративную роль. Цветовая гамма интерьеров символизирует четыре стихии — воде соответ-

ствуют белый и синий цвета, земле коричневый, огню оранжевый и красный, воздуху — зеленый.

Aedas — один из крупнейших в мире проектных институтов, в стенах которого создаются не только транспортные объекты, но и бизнес-центры, отели, жилые дома, объекты социальной инфраструктуры, а также масштабные градостроительные проекты. Это, безусловно, одна из тех архитектурных корпораций, которая формирует облик современных городов, и Дубай, пожалуй, лучшее тому подтверждение. Вклад Aedas в развитие этого города трудно переоценить: разрабатывая облик нового инфраструктурного объекта, которому суждено на десятилетия вперед задавать планку качества всей транспортной системы мегаполиса, авторы нашли идеальный баланс между двумя стихиями современной архитектуры — знаковостью и контекстом. Ⓢ

© Aedas

© Aedas

© Aedas

© Aedas

среда

a mollusk shell, are self-supporting structures of the kind often called shells.

Before devising the geometry of these 'shells' the architects conducted a parametric study. They compared several different shapes before deciding on an elliptical cone, a relatively simple shape which allows the cladding to be made of standard flat rectangular panels. The pavilions were built from the centre to the edges. On both sides the roof extends over the railway tracks in the form of a console. 'Symmetrical' installation meant that these canopies grew at the same time, balancing one other.

The architects wittily justify the fact that the pavilions are identical by saying that in a city which is over-saturated with iconic architecture, the eye needs to have a chance to relax. Furthermore, they argue that "the shell-like roof serves as a kind of logo for the metro, making it easy to identify and find the stations. In Dubai buildings are far apart and the stations are visible from afar."

As said above, in the city centre the metro descends underground. The entrance pavilions for the underground stations are in the style of traditional Arabic architecture, with ingredients, as the architects say, taken from local vernacular architecture — e.g. lancet arches and the ornamental grilles and towers which in old Arabic houses serve as primitive air-conditioning systems but here function purely as decoration. The colour scheme of the interiors references the four elements, with white and blue signifying water; brown, earth; orange and red, fire; and green, the air.

Aedas is one of the world's largest project firms, whose projects cover not only transport typologies, but also offices, hotels, residential complexes, social infrastructure, as well urban design and masterplanning. It is indisputably one of those architectural corporations which are shaping the look of today's cities — and Dubai is perhaps the best example of this. Aedas' contribution to Dubai's development is difficult to overestimate: in devising the appearance of new infrastructure which will set the standard for the megalopolis' entire transport system for decades to come, the architects have found the ideal balance between two fundamental elements of modern architecture — iconicism and context.Ⓢ

19

© Aedas

20

© Aedas

18, 20 **Входной холл /**
Entrance hall

19 **Ночной вид на одну из станций /**
Night view of one of the stations

эксперт

© Archivio Metropolitana di Napoli

© Archivio Metropolitana di Napoli/Peppe Avallone

AV **And what should be the role of subway Lines 1 and 6 on which you are working?**

GS The subway in Naples is part of a larger system, which also includes several lines of off-street transportation, including cable cars, and that which includes not only the city but also the entire region of Campania. And each of these lines is being supervised by a different authority. Our responsibility is Lines 1 and 6, and in a way, they have the most important role — they provide the link between key areas in central Naples.

AV **You sure must remember the days when there was no subway in Naples. How much has it improved transport links in the city?**

GS Certainly the launching of the subway was very important. The subway joined the central region of Vomero to the periphery.
Not so long ago on December 30 of last year, we opened the Garibaldi station which linked the subway to the train station. In recent years, railways in Italy were given new impetus to expand thanks to high-speed trains.
For example, instead of going by car now people take the express train from Rome to Naples, thus also increasing the significance of the subway. In general, after the opening of the Garibaldi station the number of subway passengers has increased dramatically.

7

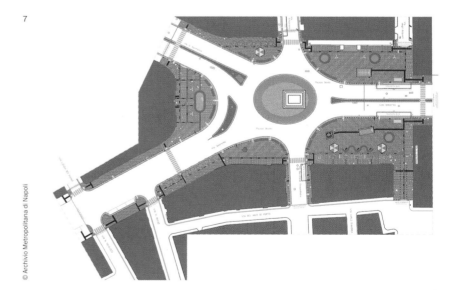

© Archivio Metropolitana di Napoli

7 Станция «Университет», генплан /
Università station, general plan

© Archivio Metropolitana di Napoli/Peppe Avallone

эксперт

АВ Возвращаясь к древности Неаполя. При проведении работ были найдены античные руины. Как это отразилось на ходе и итоге строительства? Заставили ли находки изменить маршрут линии или архитектурный проект станции?

Дж С Маршрут, к счастью, менять не пришлось. Метро было заложено ниже уровня, на котором можно найти археологические объекты. Проблема была актуальна для входных павильонов и спусков к поездам.

На двух станциях — «Муничипио» и «Дуомо» — мы нашли очень ценные объекты. На станции «Муничипио» мы обнаружили руины древнеримского порта и четыре деревянные лодки, сейчас они находятся на реставрации, а также постройки последующих эпох, начиная с древнеримского периода, затем времени правления Анжуйской династии, затем Арагонской. Эти постройки окружали древний замок Кастель Нуово. Все раскопки ведутся под руководством Инспекции по Культурному наследию, к тому же у нас в штате 10 археологов, которые постоянно присутствуют на строительстве, и 60-70 человек, которые ведут раскопки под их наблюдением. Найденный материал описывается, систематизируется и направляется в наши фонды. Надеюсь, в ближайшее время Инспекция сделает наиболее интересные предметы доступными для зрителя.

АВ Существует ли проект специального музея?

Дж С На станции «Муничипио» предусмотрена музейная зона, где мы хотим собрать наиболее интересные из найденных объектов. На площади Муничипио мы нашли руины римского порта, а также здания, которые были возведены после строительства замка.

На площади Дуомо мы нашли очень значитель-

AV Surely the subway has played its role in solving traffic problems as well?

GS Well, at least it has offered a serious alternative. After all, in Naples traffic jams arise not only because of the large flow of vehicles, but most of all because in view of the very ancient age of the city, here there are almost no wide roads.

AV Regarding the antiquity of the city ... The German philosopher Walter Benjamin called Naples "a porous city", both literally and figuratively. In the literal sense — has this geological feature of Naples been used somehow?

GS If you are referring to the presence of ancient caves left over from the extraction of tufa, and reservoirs to collect water, then this does not help to build, since the voids cannot be used because they are too unreliable.

All the caves that we found had to be filled in order to re-strengthen the soil. Nevertheless, under the soil of Naples there are also deposits of tufa, and it was very actively used as a building material for the subway projects.

However, here, too, we were faced with problems: tufa is beautiful and easy to process, but it is not water tight.

AV As I understand it, the water in itself was a serious problem?

GS Yes, some of the stations we built very close to the sea, at the place of groundwater influx into it. Thus, our subway is deep-laid, trains run at a depth of 35 meters, and the foundations are located at a depth of 40-50 meters. This necessitated us to use the method of pre-freezing the ground everywhere — it seems to me, never in the history of subway construction has it been used on such a scale.

The subway is now seen as an instrument of the city's reconstruction and the creation of new public spaces, and, of course, bringing together previously disconnected communities

8 **Станция «Толедо»** (2012, арх. Оскар Тускетс, мозаики Вильям Кентридж, исполнитель Константино Аурелиано Буккольери)/
   Toledo station (2012, arch. Oscàr Tusquets, mosaics by William Kentridge, production by Costantino Aureliano Buccolieri)

9 **Станция «Толедо»** (2012, арх. Оскар Тускетс, дизайн Боб Вильсон) /
   Toledo station (2012, arch. Oscàr Tusquets, design by Bob Wilson)

13 speech: expert   **197**

ный древнеримский храм I века, в котором проводились Изолимпийские игры (Игры, учрежденные в Неаполе императором Августом в I в. по модели греческих Олимпийских игр — А.В.). О наличии этого храма в Неаполе знали давно, но его не удавалось найти. Этот храм будет разделен на несколько частей, извлечен, помещен в хранилище, а затем, после завершения работ по строительству метрополитена, возращен на свое место. И так мы поступаем со всеми наиболее важными объектами.

А В То есть после начала работ и обнаружения археологических ценностей архитектору приходилось изменять проект?

Дж С Например, станцию «Муничипио» проектировал португальский архитектор Алваро Сиза, притцкеровский лауреат. Он изначально сделал проект с расчетом на будущие археологические находки. Но тем не менее ему действительно пришлось много раз его переделывать по мере того как количество находок увеличивалось. И мне кажется, его талант ярко проявился в способности интегрировать крупные археологические объекты в оформление станции метро.

А В Сиза был приглашен к работе в рамках проекта «Станции искусства»?

Дж С Да, он был одним из 15 архитекторов, которых мы пригласили со всего мира для строительства 15 станций линии 1. Мы намеренно не стали проводить конкурс, а выбирали каждого архитектора сами — хотелось найти автора, идеально подходящего для того или иного места. Очень непросто строить метро в таком древнем городе, как Неаполь, где не только древние руины, но и весь внешний облик города представляют высокую художественную и историческую ценность.

А.В. То есть критерием было не только наличие опыта строительства метро?

Дж С Нет, выбор определяло то, насколько архитектор соответствовал той среде, в которой и с которой ему предстояло работать. Сиза, например, очень современный архитектор, но в то же время очень классический в своем творчестве, и мы пригласили его на участок, про который знали, что уникальные археологические находки там неизбежны. А вообще мы не ставили архитекторам никаких жестких условий, а попросили разработать проекты согласно собственным устремлениям, в собственном стиле. Мы определили две цели: чтобы станции стали пространствами, где приятно находиться, а не местами «зашел-вышел», и чтобы они соответствовали среде наверху. Таким образом мы расширили зону влияния станций метрополитена: классический пример — станция «Гарибальди», при создании которой мы полностью перестроили площадь перед Центральным вокзалом. Похожий случай — станция «Муничипио». Потом были и другие станции, например, «Музео», где мы полностью изменили и территорию вокруг станции. Таким образом, создание метро стало шагом к обновлению городской среды. Наша главная идея заключалась в том, что если каждые 500 метров (а именно столько составляет расстояние между станциями в центре) создавать некий очаг обновления, это неизбежно повлечет за собой перерождение всего Неаполя.

10

11

12

© Archivio Metropolitana di Napoli

The subway in Naples is part of a larger system,
which also includes several lines of off-street transportation,
including cable cars, and that which includes not only the city
but also the entire region of Campania

AV Returning to the ancient times of Naples. Ancient ruins were found while carrying out works. How did it affect the progress and result of construction? Did the finds force the route of the line or architectural design of the station to be changed?

GS The route, fortunately, we did not have to change. The subway was laid below the level at which you can find archaeological sites. The problem was pertinent for the entrance pavilions and descents to the trains. At two stations — Municipio and Duomo — we found very valuable objects. At the Municipio station we found ruins of an ancient Roman port and four wooden boats, now they are being restored, as well as buildings of subsequent ages, beginning with the ancient Roman period, then the reign of the Angevin dynasty, then Aragon. These buildings surrounded the ancient Castel Nuovo. All excavations are carried out under the supervision of the Cultural Heritage Inspectorate, furthermore in our personnel we have 10 archaeologists who are constantly present during construction, and 60-70 people who are digging under the supervision of the archaeologists. Found material is put on an inventory list, systematized and sent to our holdings. Hopefully in the near future the Inspectorate will make the most interesting items available to viewers.

AV Is there a project for the creation of special museum?

GS At the Municipio station a museum area is planned where we want to collect the most interesting objects found. At Piazza Municipio we found the ruins of a Roman port, as well as a building, which was built after the construction of the castle. At Duomo, we found a very significant Roman temple of the first century, in which Olympics games (the games established in Naples by the Emperor Augustus in the first century were modeled on the Greek Olympics - AV) were carried out. The presence of this temple in Naples was known long ago, but it could not be found. This temple will be divided into several parts, removed, placed in the repository, and then, after the completion of the subway construction, it will be returned to its place. And that's the way we always use for most important objects.

AV So, after the commencement of work and discovery of archaeological treasures, the architect had to modify the project?

GS For example, the Municipio station was designed by the Portuguese architect Alvaro Siza, Pritzker Prize laureate. He initially made a project with the expectation of future archaeological finds. Nevertheless, he indeed had to redo it many times as the number of finds increased. And I think his talent became clearly apparent in his ability

© Archivio Metropolitana di Napoli / Peppe Avallone

AB Кого из архитекторов вы хотели бы пригласить для строительства следующих станций?

Дж С Пока хотелось бы закончить то, что начато. Сейчас мы работаем над завершением линии до станции «Гарибальди», которая является нашим главным мильным камнем. В декабре был утвержден проект тракта от административного центра, станции «C.D.N.», до станции «Каподикино». Эта линия очень важна, ибо административный центр больше не может существовать так, как сейчас, когда он практически недосягаем. Более того, «Каподикино» — это станция, прилегающая к аэропорту. На этом участке работают три очень крупных архитектора. «Каподикино» сделал Ричард Роджерс, две станции спроектировал Марио Ботта («Поджореале» и «Трибунале» — А.В.). Станцию «C.D.N.» сделали архитекторы Мираллес и Тальябуэ, она очень симпатичная.

AB На ваш взгляд, производит ли метро социальный эффект? Гордятся ли неаполитанцы своим метро?

Дж С Безусловно, да. И дело даже не в том, что метрополитен впервые пришел в некоторые

социально неблагополучные кварталы (например, в Испанский, с открытием выхода станции «Толедо» на площади Монтекальварио), а в том, что наконец-то создана структура, жизненно необходимая жителям города, способная сделать его доступнее и удобнее и тем самым многократно подчеркнуть его важный международный статус. При этом нам удалось сохранить его древнюю структуру, его памятники, которые, возможно, из-за недостаточного к ним внимания потеряли свое былое великолепие, но они есть, и неаполитанцы это знают. Метрополитена такого уровня в Италии больше нет: в других городах станции — это места транзита пассажиров, тогда как в Неаполе они стали уникальными общественными пространствами. В том числе и благодаря тому, что работу архитекторов мы дополнили почти 170 произведениями современных художников со всего мира.

AB Кому был поручен выбор художников? Этим занимались структуры метрополитена или архитекторы?

Дж С Когда мы увидели, что наша инициатива стала развиваться, мы обратились к Акилле

Бонито Оливе (один из крупнейших в Италии художественных критиков и кураторов — А. В.), который подсказал нам направления в выборе художников. Кроме того, в нашей структуре есть специальный отдел, который ведет эту работу, ну, и, конечно, были учтены предпочтения архитекторов. Эти три вещи и определяли выбор художников. Мы заказывали работы, которые бы соответствовали архитектуре станций.

AB Меня поразило, насколько самодостаточны произведения искусства в Неаполитанском метро по сравнению, например, с Москвой, где эстетике в оформлении станций метрополитена традиционно уделяется большое внимание. В московском метро искусство имеет выраженный прикладной характер, оно сильно связано с архитектурой. А в Неаполе мы видим, что произведения искусства самостоятельны.

Дж С Мне кажется, что станции московского метрополитена имеют декоративный характер, которого у наших станций нет. Мы заставили произведение искусства жить в архитектуре

to integrate large archaeological objects into the design of the subway station.

AV Was Siza invited to work on the image of the subway in the "Art Stations" project?
GS Yes, he was one of 15 architects, which we invited from around the world for the construction of 15 stations of Line 1. We deliberately did not carry out a competition, but rather chose each architect ourselves — we wanted to find the author that was ideally suited for the particular site. It is very difficult to build a subway in an ancient city such as Naples, where not only the ancient ruins, but the whole appearance of the city is of high artistic and historical value.

AV That is, not only the presence of subway construction experience was a criterion?
GS No, the choice was determined by how the architect fit the environment in which and with which he had to work with. Siza, for example, is a very modern architect, but at the same time very classical in his work, and we invited him to the site which we knew that there unique archaeological finds would be inevitable.

In general, we do not give any strict conditions for architects, but rather asked them to develop projects according to their own aspirations, in their own style. We identified two objectives: so that stations became spaces where it is pleasant to spend time, and not places of "come and go", and so that the stations corresponded to the environs above. In this way we extended the zone of influence of the subway stations: a classic example is the Garibaldi station, during the creation of which we fully rebuilt the area in front of the Central Station. A similar case is the Municipio station. Then there were other stations, such as Museo, where we completely changed the area around the station as well. Thus, the creation of the subway was a step to upgrade the urban environment. Our main idea was that if every 500 meters (and that is exactly the distance between stations in the center) a flash-point of renovation was created, then this will inevitably lead to the transformation of all of Naples.

AV Which architects would you like to invite to build the next stations?
GS For now it would be good to finish what has

© Archivio Metropolitana di Napoli / Peppe Avallone

Метрополитен сегодня рассматривается как средство реконструкции города и создания новых общественных пространств, а также, безусловно, объединения ранее разобщенных территорий

станций. В нашем случае порой трудно оценить, что производит большее впечатление — произведение искусства или архитектура. Мы стремились сделать вполне повседневную вещь. Ведь настоящее искусство рождается из обычной жизни.

А В То есть вы отнюдь не хотели создать станции-музеи современного искусства?

Дж С Нет, нет. Мы не хотели строить еще один музей. Но мы хотели вновь выявить ту глубокую связь между изобразительным искусством и архитектурой, которая характеризует итальянскую художественную традицию. К тому же, почему постройка, обладающая в первую очередь технической ценностью, обязательно должна быть некрасивой? Мы ведь так недолго живем на земле, и хотелось бы прожить эти годы, наслаждаясь тем, что нас окружает. Напомню, кстати, что в Италии существует норматив, согласно которому при строительстве общественных сооружений часть финансирования должна идти на произведения искусства. Этим нормативом чаще всего пренебрегают, предпочитая использовать деньги на другие цели. Однако мы решили его использовать, мы считаем его очень важным.

А В Эти затраты повлияли на конечную стоимость проезда?

Дж С Стоимость всего художественного оформления составляет меньше одного процента от общих затрат. Кстати, когда мы только начинали эту работу, мы были скорее исключением, а сейчас искусство вводится в очень многие проекты метро — в самых разных странах мира.

А В То есть искусство на станциях — вовсе не роскошь, как можно бы подумать?

Дж С Вовсе нет. Искусство в метро создается для того, чтобы жить в общественном месте. Впрочем, сначала нас, конечно, беспокоило то, как именно оно будет там жить, — не пострадает ли от длительного нахождения под землей, не станет ли жертвой вандализма… Однако за те 10 лет, что прошли с момента открытия первых «станций искусства», с ними ничего не случилось. И думаю, главная причина кроется в том, что неаполитанцы приняли эти работы, им нравится видеть красивые вещи в прямой доступности, и поэтому они их защищают и уважают. Важно и то, что мы создали специальную структуру, ответственную за сохранение произведений искусства, которая сотрудничает с Академией художеств. Порчи произведений искусства не происходит, но все же станции — это пространства, где есть пыль и другие негативные факторы. Эта структура, помимо специалистов, привлекает также и студентов Академии, которые работают с произведениями, следят за ними.

been started. We are currently working on the completion of the line to Garibaldi station, which is our major mile stone. In December, the project was approved for the track from the administrative center, C.D.N. to Capodichino station. This line is very important, because the administrative center can no longer exist as it does now, when it is practically inaccessible. Moreover, Capodichino is the station adjacent to the airport. Three major architects are working on this section. Richard Rodgers did Capodichino, Mario Botta designed two stations (Poggioreale and Tribunal — AV). Architects Miralles and Tagliabue designed the C.D.N station, it's very nice. That is, new work with these great architects awaits us!

AV In your opinion, does the subway have a social effect? Are Neapolitans proud of their subway?

GS Yes, without a doubt. And it's not that the subway has for the first time come to several socially disadvantaged neighborhoods (for example, to the Spanish neighborhood, with the opening of the Toledo station in Montecalvario), but that finally, a structure that is critical to the city, is able to make it accessible and convenient and thus manifold emphasizes its important international status. At the same time we managed to preserve its ancient structure, its monuments, which possibly due to lack of attention on them lost their former glory, but they exist, and Neapolitans know it. A subway of this level cannot be found in Italy: in other cities stations are passenger transit places, while in Naples they have become unique public spaces. In part this is due to the fact that in addition to the work of architects we have added nearly 170 works of contemporary artists from around the world.

AV Who was entrusted with choosing the artists? Was this done by subway authorities or by architects?

GS When we saw that our initiative was expanding, we turned to Achille Bonito Oliva (one of the leading art critics and curators in Italy — AV), who directed us in the choice of artists. In addition, our authority has a special department that carries out this work, and of course, the preferences of architects were taken into account. These three things determined the choice of artists. We commissioned work which would correspond to the architecture of the stations.

AV I was struck by how self-sufficient the works of art are in the Naples subway compared, for example, to Moscow, where traditionally much attention is paid to the aesthetics in the design of subway stations. In the Moscow metro art has a distinct applied character, it is strongly associated with the architecture. And in Naples, we see that a work of art is independent.

GS It seems to me that Moscow metro stations have a decorative character, which our stations do not have. We made works of art live in the architecture of the stations. In our case, it is sometimes difficult to assess what makes more of an impression — works of art or architecture. We tried to make it a quite everyday thing. After all, true art is born out of everyday life.

AV So you did not want to create museum-stations of contemporary art?

GS No, no. We did not want to build another museum. But we wanted to once again reveal

the deep connection between the visual arts and architecture that characterizes the Italian artistic tradition. Besides, why does a structure, which primarily has a technical value, necessarily have to be ugly? After all we live for such a short time in this world, and it would be good to live these years enjoying the things that surround us. Let me remind you, by the way, that in Italy there is a regulation, according to which in the construction of public buildings part of the funding should go to works of art. This regulation is most often neglected, preferring to use the money for other purposes. However, we decided to use it, we consider it very important.

AV Did these costs affect the final cost of travel?

GS The total cost of the artistic design is less than one percent of the total cost. By the way, when we started this work we were the exception, but now art is applied in many subway projects in various countries around the world.

AV That is, art in stations is not entirely a luxury, as one might think?

GS Not at all. Art is created in the subway in order to live in a public place. However, our concern of course at first was how it would live there — would it suffer from prolonged use underground, would it be a victim of vandalism ... But in the 10 years

© Archivio Metropolitana di Napoli/Peppe Avallone

© Archivio Metropolitana di Napoli

19 Станция «Университет»
(2011, арх. Алессандро Мендини, дизайн Карим Рашид) /

Università station
(2011, arch. Alessandro Mendini, design Karim Rashid)

20 Станция «Гарибальди»
(2013, арх. Доминик Перро, художник Микеланджело Пистолетто) /

Garibaldi station
(2013, arch. Dominique Perrault, artist Michelangelo Pistoletto)

21 Станция «Муничипио»
(арх. Альваро Сиза и Едуардо Соуту де Моуры). 3D-визуализация /

Municipio station
(arch. Àlvaro Siza and Eduardo Souta de Moura). 3D-render

22

© Archivio Metropolitana di Napoli/Peppe Avallone

22 Станция «Толедо» (2012, арх. Оскар Тускетс, дизайн Боб Вильсон) /
Toledo station (2012, arch. Oscàr Tusquets, design by Bob Wilson)

23 Станция «Матердеи»
(2003, арх. Алессандро Мендини, мозаика Сандро Киа) /
Materdei station
(2003, arch. Alessandro Mendini, mosaics by Sandro Chia)

24–25 Станция «Гарибальди»
(2013, арх. Доминик Перро) /
Garibaldi station
(2013, arch. Dominique Perrault)

23

© Archivio Metropolitana di Napoli/Peppe Avallone

АВ Вы намерены развивать идею искусства в метро?

Дж С Да, мне кажется, что наша инициатива дала положительные результаты, которые оценили как жители Неаполя, так и туристы. Наше метро теперь известно во всей Европе, в то время как миланское метро, например, никому не известно. С этой точки зрения мы достигли большого успеха. Кроме того, зачастую именно искусство позволило решить проблемы, которые раньше не решались десятилетиями. Приведу наиболее показательный пример — станция «Гарибальди». Площадь перед вокзалом представляла собой огромный 300-метровый пустырь, на котором возникали то стихийные рынки, то парковки, а все попытки хоть как-то благоустроить это пространство заканчивались ничем. Мы же вновь вернулись к этой теме, уделив самое пристальное внимание сложившейся среде, — и наконец преуспели.

АВ Применяются ли при строительстве метро Неаполя новые технологии, например, энергоэффективные?

Дж С Следует помнить, что наш проект создавался в 1975 году, когда о таких вещах еще никто не думал. Наш проект уникален тем, что тракт длиной в 25 км от периферии к центру проходит под уклоном. В Неаполе очень сложная орография, продиктовавшая необходимость строить тяжелое метро. Сегодня во всем мире уже делают более легкое метро, с другими характеристиками путей и вагонов, которое, однако, подходит скорее для плоского рельефа. И хотя строящаяся сейчас линия 6 будет легкая, это все-таки будет неавтоматическое метро — опять же, в силу возраста проекта: он разрабатывался в другую эпоху. И про энергосбережение я могу сказать то же самое. Нашим первым достижением было то, что мы дали городу современное общественное средство передвижения. Вторым — то, что мы ушли от традиционного подхода, сделав метрополитен еще и знаковым архитектурным сооружением. Теперь перед нами новая цель — работать над решением проблемы энергосбережения, и мы, конечно, готовы к ней идти. ⑤

24

© Archivio Metropolitana di Napoli/Peppe Avallone

© Archivio Metropolitana di Napoli / Peppe Avallone

that have passed since the opening of the first "art stations", nothing has happened to them. And I think the main reason lies in the fact that Neapolitans embraced these works, they like to see beautiful things directly available, and so they protect and respect them. It is also important that we created a special authority responsible for the preservation of the works of art, which works closely with the Academy of Arts. Damage to the works of art does not occur, but these are stations after all - it's a space where there is dust and other negative factors. This authority, in addition to specialists, also attracts students of the Academy who work with the works, and monitor them.

AV Do you intend to continue to develop the idea of art in the subway?
GS Yes, it seems to me that our initiative has yielded positive results, which both residents of Naples and tourists alike have appreciated. Our

subway is now known all over Europe, while the Milan subway, for example, no one knows. From this point of view, we have achieved great success. In addition, often it is exactly art that makes it possible to solve problems that previously were not solved for decades. Here is the most telling example — Garibaldi station. The area in front of the station was a huge 300-meter vacant lot on which either appeared spontaneous markets, or parking, while all attempts to somehow landscape this space ended in nothing. We returned to this topic, paying the utmost attention to the existing environment, — and at last have succeeded.

AV Are new technologies being applied in the construction of the Naples subway, such as ones that are energy efficient?
GS It should be remembered that our project was created in 1975, at a time when no one even thought about such things. Our project is unique

in that the 25 km track from the periphery to the center runs on an incline. Naples has a very complex orography which dictates the need to build a heavy metro. Today, all over the world lighter subway systems are being made, with different characteristics of cars and tracks, which on the other hand are more suitable for flat terrain. Although Line 6 currently under construction will be a light subway, it still will be a non-automatic subway — again due to the age of the project: it was designed in a different era. And about energy efficiency I can say the same thing. Our first achievement was the fact that we gave the city a modern public means of transportation. Second — that we moved away from the traditional approach by making the subway also an iconic architectural structure. Now we have a new goal — to work on solving the problem of energy efficiency, and of course we are ready to tackle it. ⑤

портрет

Ян Бентем: **Метро и вокзалы — это общественные пространства, принадлежащие всему городу**

Jan Benthem: **The metro and railway stations are public spaces which belong to the entire city**

интервью Ивана Невзгодина / **interview by** Ivan Nevzogodin

Одно из самых авторитетных архитектурных бюро Голландии Benthem Crouwel Architects было создано в 1979 году выпускниками Делфтского технического университета **Яном Бентемом** (р. 1952) и Мелсом Краувелом (р. 1953). С 1986 года бюро активно участвовало в проектировании и строительстве амстердамского аэропорта Схипхол, превратив его в один из самых удобных аэропортов в мире. Взвешенный подход к решению сложных проблем, логичность, элегантность и долговечность разрабатываемых концепций, а также последовательность и настойчивость в их реализации — вот черты фирменного стиля этого бюро. Возводя множество офисных и жилых зданий по всей Европе, Benthem Crouwel Architects продолжают самое активное внимание уделять объектам транспортной инфраструктуры. Построенный ими мост «Голландская глубина» (Hollandsch Diep) около Додрехта стал символом скоростной линии Нидерландской железной дороги, а проекты новой линии метро Амстердама и центральных вокзалов четырех крупнейших городов страны принесли бюро награду «Куб БНА» (BNA Kubus) «За вклад в преобразование инфраструктуры Голландии».

One of Holland's most respected architecture firms, Benthem Crouwel Architects, was established in 1979 by Jan Benthem (born: 1952) and Mels Crouwel (born: 1953), graduates of Delft Institute of Technology (the precursor of Delft University of Technology). In 1986 the firm became actively involved in designing and building Schiphol, Amsterdam's airport, turning it into one of the most convenient airports in the world. A balanced approach to solving complex problems, logicality, concepts that are elegant and have a long service life, and the systematic and insistent way in which these concepts are carried out are the marks of this firm. While designing numerous office and residential buildings all over Europe, Benthem Crouwel Architects continue to take a keen interest in transport infrastructure. Their Hollandsch Diep bridge near Dordrecht became a symbol of the Dutch High-Speed Line, and their designs for the new line of the Amsterdam metro and the central stations for four of the country's largest cities have won them the BNA Kubus award "For a contribution to the transformation of the infrastructure of Holland".

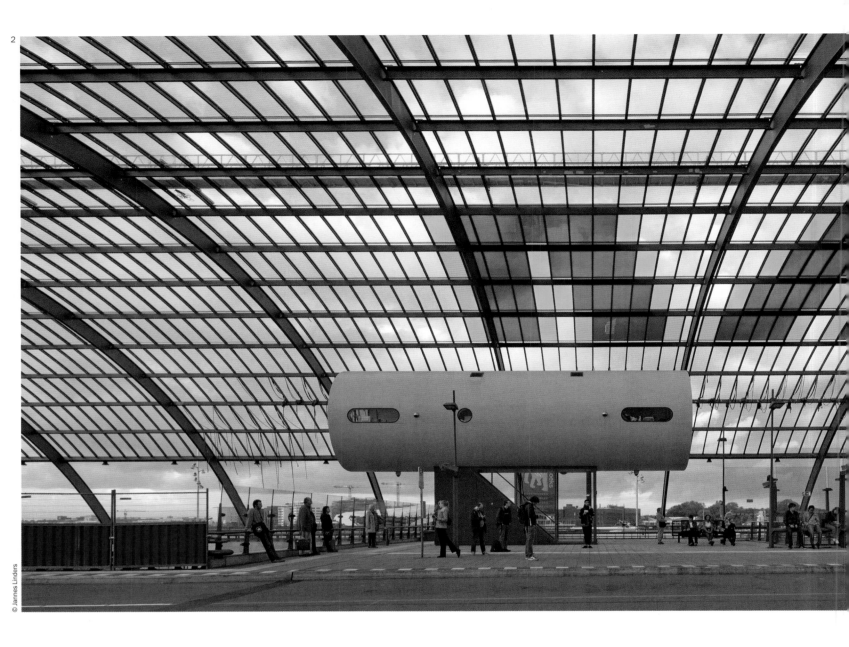

© Jannes Linders

1 Ян Бентем / Jan Benthem

2 Новый автовокзал в Амстердаме / New bus station in Amsterdam

Иван Невзгодин: **Новой линией амстердамского метро Север-Юг ваше бюро занимается уже 18 лет. Как проект эволюционировал за эти годы?**

Ян Бентем: Проектирование метро для нашего бюро совершенно особая тема, но проблема в том, что ни одна станция до сих пор не закончена, поэтому мы можем говорить только о планах и теориях и пока не можем показать, как это практически работает. Мы работаем над семью станциями линии, восьмая — «Амстердам-Юг» — представляет собой комбинированную станцию для метро и электричек. Мы работали и над ее проектом, но сейчас принято решение о проведении нового тендера на более масштабный проект «Южная ось», частью которого эта станция является, так что в данном случае наше авторство под вопросом. Работу над всеми станциями мы начали в 1996 году. Нас выбрали, потому что у нас был опыт работы над инфраструктурными проектами, в первую очередь — над аэропортом Схипхол.

ИН Выбрали? То есть это был не конкурс?
ЯБ Да, нас пригласили. Фактически это был

закрытый тендер, но тогда еще не было такого термина. Заказчики пригласили четыре архитектурных бюро, и каждое из них должно было представить концепцию одной станции — «Рокин». Наше предложение было признано лучшим, и нас выбрали как архитекторов всей ветки метро Север-Юг. Городские власти хотели, чтобы новая линия получила индивидуальный характер. Дело в том, что до этого в городе существовала только одна ветка — восточная, которую построили двадцать лет назад в едином стиле. Ее проектировали два архитектора, так что все станции похожи друг на друга как члены одной семьи. И муниципалитет очень хотел, чтобы каждая станция линии Север-Юг имела собственное лицо (не в последнюю очередь — потому что у каждой свое градостроительное окружение).

ИН Чем ваша концепция станции «Рокин» принципиально отличалась от остальных?
ЯБ Прежде чем ответить на этот вопрос, я позволю себе небольшой экскурс в историю. Дело в том, что строительство метро в Амстердаме имеет очень непростую историю.

Ivan Nevzgodin: **Your office has been working on the new North/South line of the Amsterdam metro for 18 years now. How has the project evolved over the years?**

Jan Benthem: Planning the metro is something utterly special for our firm, but the problem is that not a single station has yet been completed, so we can talk only about plans and theories; right now, we are unable to show how this works in practice. We are working on seven stations on the line. The eighth — Amsterdam South — is a combined station for both metro and local trains. We have also worked on designing the latter station, but now a decision has been taken to hold a new competition for a project on a grander scale — the Southern Axis project, of which this station is a constituent part, so our authorship of the station has been called into question. We began working on all these stations in 1996. We were chosen because we had experience of working on infrastructure projects and, above all, on Schiphol Airport.

IN You were chosen? So there was no competition?

JB Yes, we were invited. In effect, this was an invited competition (tender), but at the time this term did not exist. The clients invited four architecture firms to take part, each of which had to submit a concept for a single station, Rokin. Our proposal was judged the best, and we were chosen as architects for the entire North/South metro line. The city authorities wanted the new line to have its own distinctive character. The thing is that until that time Amsterdam had only had one line — the eastern line, which was built 20 years ago in a uniform style. It was designed by two architects, so all the stations have a kind of family resemblance to one another. And the city was very keen that each station on the North/South line should have its own face (not least because each station has its own urban context).

IN In what way did your concept for Rokin station differ fundamentally from the other concepts?

JB Before answering that question, I'll make a small digression into history. The thing is that construction of the metro in Amsterdam has a complicated history. When the previous metro

3 Новая линия амстердамского метро Север-Юг. Вариант решения наземной платформы станции Noorderpark. 3D-визуализация /

New North/South Amsterdam metro line. Variant of the design for the Noorderpark station ground platform. 3D-visualization Jan Benthem

4 В интерьере каждой станции новой линии будет присутствовать дневной свет. 3D-визуализация станции «Центральный вокзал» /

Daylight will be present in the interior of each station of the new line. 3D-visualization of the Centraal railway station

5

© Benthem Crouwel Architekten

6

© Benthem Crouwel Architekten

При возведении предыдущей линии метро было снесено очень много объектов исторической застройки. Особенно всем запомнились протесты, связанные с районом Ниуве Маркт (Новым рынком). В результате в Амстердаме двадцать лет было запрещено говорить о новом строительстве метрополитена. Само слово «метро» было табу в дискуссиях в муниципальном совете. Если речь заходила о подземном виде транспорта, его именовали «трамваем в тоннеле». В общем, целых двадцать лет о метро нельзя было даже упоминать, но в конце 1990-х годов стало ясно, что с общественным транспортом города надо что-то срочно делать. Все видели, что происходит с трамваями на Лейденской улице, как они там еле протискиваются, и всем было очевидно, что так не может дальше продолжаться. Реализация нового проекта метро стала возможной постепенно: сначала в конце 1980-х годов появилась технология подземного бурения, безопасная для исторической застройки, потом сформировалась политическая воля проложить метро под городом и сделать это так, что «никто ничего не заметит». В итоге муниципальный совет разрешил строить метро, но с одним непререкаемым условием: сносов не должно быть вовсе. Перед проектировщиками была поставлена конкретная задача — проложить метро, ничего не изменив в облике города. Там, где необходимо, можно было сделать углубления для входов на станции, но все земляные работы на поверхности должны быть сведены к минимуму, а после завершения работ все должно принять прежний вид. Что и говорить, обычно метро прокладывают не для того, чтобы ничего не менять в городе, — наоборот, таким строительством пытаются дать толчок качественно новому развитию города, но не в Амстердаме. И это повлияло на весь процесс проектирования и на конечный результат — внешний вид станций. С предыдущей линией метро все было по-другому — многое снесли, построив не только систему станций метро, но и подземные пространства для пешеходов, переходы и т.п. Выходы из метро устраивали и в существующих постройках. А нам уже нельзя было ничего достраивать и перестраивать. И тогда мы предложили (и, думаю, именно поэтому нас тогда и выбрали) развивать метро как продолжение улиц, своего рода «каналы будущего». Мы исходили из того, что раз подземное пространство где-то можно открыть, хотя и придется потом закопать, входы в метро нужно рассматривать как продолжение общественного пространства и устраивать их не в зданиях, а прямо на улицах. Согласитесь, в Амстердаме метафора каналов звучит особенно красиво! Эту идею мы и представили в эскизах: вход в метро представляет собой просто углубление, в прямом смысле яму на улице, из которой вы спускаетесь прямо к перронам. И никаких дополнительных переходов, ни тем более транспортно-пересадочных узлов и парковок. Еще двадцать лет назад это было бы вряд ли возможно: метро являлось неотъемлемой частью сложной транспортно-пешеходной системы, но теперь Амстердам куда более пешеходный город, автомобиль больше не является хозяином улицы, а значит, и брать его в расчет не обязательно. Хозяином города стал пешеход.

ИН И велосипедист.

ЯБ Да, и велосипедист в еще большей степени. Поэтому мы сделали максимально простые

© Jannes Linders

line was built, a great many historical buildings were demolished. Especially memorable were the protests regarding the Nieuwmarkt district. As a result, for 20 years metro construction was a forbidden subject. The very word "metro" was taboo in discussions at the city council. If conversation turned to underground transport, it was termed "tram lines in tunnels". All in all, mention of the metro was impossible for an entire 20 years, but at the end of the 1990s it became clear that things could not continue that way. Everyone could see what was happening with the trams on Leidsestraat, how they had to squeeze their way through, and it was clear to everyone that something needed urgently to be done about the city's public transport system. Gradually, it became possible to realize a new metro project: to begin with, at the end of the 1980s, a technology for underground boring without placing old buildings at risk became available; then the political will emerged to place the metro under the city and in such a way that "no one would notice anything". In the end, the city council gave permission for metro construction to

proceed, but under one absolute condition — that there should be no demolition. The planners were tasked with building a metro line without in any way changing the city's appearance. Where necessary, they could create depressions to contain the entrances to stations, but all earthworks on the surface had to be kept to a minimum, and when construction work was completed, everything had to look the way it had before. Of course, a metro system is usually built in a city not in order that there should be no change: on the contrary, such construction is an attempt to encourage qualitatively new development of the city. Only this is not the case in Amsterdam. And this has had an impact on the entire planning and design process and on the end result — the way the stations look. With the previous metro line everything was different: there was a lot of demolition and what was built was not just a system of metro stations, but also underground spaces for pedestrians, passageways, and so on. Entrances to the stations were also built in existing buildings. We, on the other hand, were unable to reconstruct or extend buildings. And

so we proposed (and I think this was why our proposal was selected) developing the metro as a continuation of the streets — a kind of system of "canals of the future". We proceeded from the premise that since the subterranean space can be opened up in places — even if we have to close it up again afterwards — the station entrances should be regarded as a continuation of public space and created not in buildings, but directly on the streets. You have to agree that in Amsterdam the canal metaphor sounds especially beautiful! This was the idea that we showed in our sketches: the metro entrance is a depression in the literal sense of that term — a hole in the street, from which you descend directly to the platforms. And there are no additional passageways or interchanges or car parks. Even 20 years ago, this would scarcely have been possible: the metro was an integral part of the complex transport and pedestrian system, but now Amsterdam is more of a pedestrian city; cars are no longer masters of the street — which means they don't have to be taken into account. Pedestrians are now the masters of the city.

углубления в земле, в идеале это вообще просто эскалатор, ведущий прямо с улицы к перронам глубокого заложения. От уровня улицы, благодаря новой технологии бурения, мы можем углубиться на 25 м, но поскольку метро также необходимы турникеты, исходная система несколько трансформируется: эскалатор выходит чуть ниже уровня улицы, где создается распределительный холл с турникетами, и оттуда уже лестница или эскалатор ведут в «дыру» в улице. Плюс мы стремились к тому, чтобы на всем протяжении пути от улицы до перрона у пассажира оставалось ощущение, что он по-прежнему находится в городском пространстве. 25 м это, конечно, очень глубоко — шутка ли, восемь этажей жилого дома! — но и туда может проникать дневной свет. Иными словами, вместо детальной проработки станции мы предложили простую схему, когда эскалатор с улицы напрямую ведет к перронам, сохраняя для последних визуальную связь с городом. Этим наша концепция и отличалась от всех остальных, и этот принцип — как можно дольше сохранить у пассажира чувство, что он находится в городе, — мы хотели использовать для всех станций новой ветки.

ИН Но в действительности каждую станцию в итоге все же пришлось сделать по-своему?

ЯБ Да, это так. Но мы всегда старались сделать станцию частью общественного пространства, такой же очевидной частью города, как каналы или улица. В Амстердаме каналы расположены немного ниже уровня мостовой и в прошлом служили для транспортировки людей и грузов. И в нашем проекте распределительный холл находится в уровне канала. Мы запроектировали эти «дыры в улице» как выходы к новой инфраструктуре. В самом городе видны только сами эти «дыры», а чуть выше уровня мостовой — только их ограждения. Эти ограждения, кстати, вначале не были утверждены градостроительным советом и охраной памятников как «слишком большое вмешательство в облик города».

ИН Из-за используемых материалов?

ЯБ А также из-за конструкций. У нас было

ограждение с навесом для защиты от дождя. В конечном итоге был достигнут компромисс: мы получили разрешение на строительство всей подземной части, а решение судьбы надземной части было отложено на десять лет. Вот насколько серьезной была травма от прошлого строительства метро! Для сколь-нибудь выразительного архитектурного жеста не было никакой возможности. При этом если трезвым взглядом посмотреть на участки, где планировалось устроить выходы метрополитена, то надо признать, что все они были неблагополучны и нуждались в определенном вмешательстве. Например, площадь перед Центральным вокзалом Амстердама была хаотичной, помимо исторического монументального здания вокзала на ней находились различные небольшие входные павильоны старого метро и т.п. Следующая станция «Рокин» имела перед собой парковку, которую мы обязаны были вернуть назад после строительства станции метро. То же самое со станцией Vijzelgracht. Еще хуже обстояло дело с «Фердинанд Болстраат» (Ferdinand Bolstraat), которая

© Jannes Linders

8

IN And cyclists.

JB Yes, and cyclists to an even greater extent. That's why we made the depressions in the ground as simple as possible; ideally, they should simply be escalators leading straight from the street to the deep-lying platforms. Thanks to the new boring technologies, we can go down 25 metres below street level, but since the metro also needs turnstiles, the basic system has to be a little different: the escalator goes a little below street level, where there's a foyer with turnstiles, and then from there there's stairs or an escalator leading to the "hole" in the street. In addition, we tried to ensure that all the way from the street to the platform passengers would have the feeling that they are still in an urban space. 25 metres is, of course, very deep — equivalent to an eight-storey-high building! — but natural daylight can still penetrate to this depth. In other words, instead of detailed design of the station, we proposed a simple arrangement by which an escalator leads directly from the street to the platforms, with the latter remaining in visual contact with the surrounding city. This is what made our concept different from the others, and it was this principle — the principle of passengers retaining for as long as possible the feeling that they are in the city — which we wanted to use for all stations on the new line.

IN But when it came down to it, each station had to be different?

JB Yes, that's true. But we always tried to make each station a part of public space, to make it just as clearly a part of the city as the canals or streets. In Amsterdam the canals are slightly lower than the pavement; in the past they served to transport people and freight. And in our proposals the entrance hall is at canal level. We designed these "holes in the street" to be like entrances to new infrastructure. In the city itself you see only these "holes" and, slightly higher than the level of the pavement, only their railings. These railings, incidentally, were initially not approved by the urban-planning council and the architectural conservation authorities — who judged them to be "too large an intervention in the way the city looks."

IN Due to the materials used?

JB And also due to their constructions. We had a railing with a canopy to offer protection from rain. In the end, a compromise was reached: we received approval to build the entire underground part, but the question of what would happen with the above-ground part was deferred for 10 years. That's how serious was the trauma inflicted by the metro's past! There was no room for an expressive architectural gesture of any kind. And yet, if you take a sober look at the sites where it was planned to build entrances to metro stations, you have to admit that they were all unsatisfactory and in need of intervention of some kind. For instance, the square in front of Central Station in Amsterdam was chaotic. In addition to the historical, monumental railway station building facing the square, there were various small entrance pavilions for the old metro and so on. The next station, Rokin, had a car park in front of it, which we were obliged to put back in place following construction of the metro station. The same goes for Vijzelgracht station.

8 С центральным железнодорожным вокзалом автобусная стация соединена удобным подземным переходом /

The bus station is connected to the central railway station with a convenient underground passageway

9 Велосипедный тоннель. 3D-визуализация /

Bicycle tunnel. 3D-visualization

10 Проект реконструкции здания Центрального вокзала Амстердама. 3D-визуализация /

Amsterdam Centraal Station reconstruction project. 3D-visualization

9

10

получила свое название по одноименной исторической улице, узкой и переполненной автомобилями и трамваями.

Эта улица была настолько узкой, что, в соответствии с нашей концепцией, станция бы выходила не на тротуар, а на проезжую часть. И на наш взгляд, это было, скорее, благоприятное обстоятельство: мы считали, что с появлением метро на улице, которая является центральной артерией исторического района, ее можно и нужно сделать пешеходной. Это целесообразно и с градостроительной точки зрения, и с социальной. Но об этом было запрещено даже заикаться, ведь это противоречило изначальной договоренности о том, что в городе ничего не должно меняться. Единственное, на что пошел город, так это разрешил для строительства входов на эту станцию снести два угловых дома. Но улица была настолько узкой, что пришлось разместить тоннели один над другим. Иначе для двух путей пришлось бы делать тоннели под домами, что угрожало сохранности их свайных фундаментов. В итоге пассажиры попадают на нижнюю платформу, только пройдя через верхнюю, так что для пересадки с одного направления на другое необходимо сначала подняться, а затем опять спуститься. Но даже тут мы не отказались от нашего принципа прямого выхода на улицу и организовали входы не в реконструированных угловых домах, а на уровне земли, приподняв объемы на один этаж над ними. Они как бы зависли в воздухе, а сам вход в метро осуществляется под ними с улицы. Идея, что, находясь в метро, вы по-прежнему на улице, сохранилась.

ИН Как вы сами относитесь к исходному запрету властей на какой-либо снос в ходе строительства метро?

ЯБ Сначала я думал, что городские власти просто сумасшедшие. Ведь метро — это по определению синоним перемен, мощный импульс развития, а перед нами политики ставили задачу ничего в городе не менять! Теперь я думаю, что многие городские управленцы, конечно, догадывались, что само строительство метро изменит город. Но они умышленно не хотели формулировать эти последствия, связывать их со строительством. Сам строительный процесс занимает столько времени, что спрогнозировать все изменения невозможно. Даже мы, архитекторы, проектируя тот или иной объект, не можем себе представить, как изменится градостроительная ситуация ко времени ввода объекта в эксплуатацию. Применительно к такому долгосрочному проекту как метро это особенно справедливо. И хотя линия Север-Юг до сих пор не достроена, ее окружение меняется, город обновляется, и это уже всем очевидно. За эти пятнадцать лет для территорий вокруг станций были выполнены новые градостроительные проекты. В одном из таких проектов мы сами приняли участие — это была планировка территории у Центрального вокзала Амстердама.

ИН Я читал, что именно вы предложили интегрировать станции метро в железнодорожный вокзал.

ЯБ Да. К старому зданию Центрального вокзала Амстердама была подведена восточная ветка метро, правда, заканчивалась она еще до привокзальной площади. Станция метро

11

12

© Jannes Linders

Still worse was the situation with Ferdinand Bolstraat station, which took its name from the eponymous historical street, which is narrow and choked with cars and trams. This street was so narrow that, under our concept, the station entrance had to be not on the pavement, but on the roadway itself. And we saw this as a good thing: our view was that with the appearance of the metro on a street which is the central artery of the historical district, the street could — and should — become pedestrian. This makes sense from the point of view of both urban planning and social development. But it was forbidden to even mention this — given that it contradicted the initial agreement that the new metro line should change nothing in the city. The only thing that the city was willing to agree to was demolishing two corner houses to build the entrances for this station. But the street was so narrow that the tunnels had to be placed one on top of another. Otherwise, to accommodate the two tracks, the tunnels would have had to have been placed under the houses, which would have been a threat to the piles of their foundations. This means that passengers can reach the lower

platform only by passing through the upper one, so to cross over from direction to another you have to first ascend and then go back down again. But even here we did not renounce our principle of having the station entrances at street level; we placed the entrances not in the demolished corner houses, but at ground level, lifting the two corner houses up one storey above them. The houses are as if suspended in the air, while the entrances to the metro are underneath them and from the street. The idea that while being in the metro, you remain on the street has remained intact.

IN What do you think of the initial ban placed by the authorities on any kind of demolition during construction of the metro?

JB To begin with, I thought the city authorities were simply mad. A metro is by definition a synonym of change, a powerful impulse for development, and yet the politicians tasked us with changing nothing in the city! Now I think that many people in the city executive guessed, of course, that construction of the metro would in itself change the city. But they deliberately did not want to formulate these consequences or to link them with the construction. The construction process

Although construction of the North/South line has not been completed to date, its surroundings are changing, the city is being renewed, and this is something which is clear to everyone. Over the past 15 years new urban-development plans have been produced for the areas around the stations

© Benthem Crouwel Architekten

имела сначала шесть, а потом девять выходов, и при этом ни один из них не вел напрямую к поездам вокзала: для пересадки нужно было выходить на улицу, так как со зданием вокзала у метро не было прямой подземной связи. Прокладка нашей ветки Север-Юг потребовала бы создания в этом месте еще как минимум четырех выходов. То есть всего тринадцать и при этом для пересадки на поезд по-прежнему было бы нужно выходить наружу! Тогда мы в порядке собственной инициативы предложили городу все это интегрировать и попросили разрешение на снос всего одного здания — расположенного на площади диспетчерского пункта восточной ветки метро. Это здание внешне напоминало бункер, и для амстердамцев оно всегда было «прыщом современной архитектуры» на исторической площади, поэтому разрешение на снос было получено относительно легко и быстро. За счет высвободившегося пространства мы вместо тринадцати отдельных выходов метро запроектировали подземный распределительный холл, общий для обеих линий метро, который с уровнем земли соединен всего тремя входами.

Это позволило очистить площадь от всех входных павильонов и прочих маленьких пристроек.

ИН Но ведь есть же еще и автобусы?

ЯБ Не только автобусы, но и трамваи! Они составляют львиную долю загрузки привокзальной площади. Так что мы пошли дальше и предложили городу: раз мы уже взялись разрабатывать альтернативные планировочные решения, может быть, мы попробуем решить вопрос и с автобусами? На привокзальной площади были три автобусные станции, так что некоторые автобусы перед тем, как уехать, трижды пересекали зебру пешеходного перехода от вокзала к Дамраку, а это, между прочим, самый интенсивный пешеходный переход в Европе! Мы предложили убрать все автобусы за здание железнодорожного вокзала. Строительство ветки метро Север-Юг предоставило замечательную возможность организовать в этом месте выход в город и таким образом обеспечить прямую связь с автобусным сообщением. И хотя сначала станцию планировалось разместить в уровне земли, потом мы нашли возможность приподнять ее и организовать под ней прямой проход для пешеходов, а автодорогу за вокзалом, наоборот, заглубить под станцию. Таким образом, пешеходы теперь могут подойти из самого центра Амстердама к бухте Эй, ни разу не пересекая автодорогу.

ИН Если вернуться к метро, то, должен признаться, я считал, что отсутствие прямой связи между метро и вокзалом — это следствие разобщенности двух структур, Нидерландских железных дорог и метрополитена.

ЯБ Нидерландские железные дороги действительно очень долгое время оставались государством в государстве, имея возможность единолично определять, что и где строить. Центральный вокзал в Амстердаме, например, был построен именно в этом месте, потому что железная дорога так захотела, муниципалитет предпочел бы построить вокзал на Музейной площади. Это государство в государстве все сто лет своего существования имело напряженные отношения с муниципалитетами, и в итоге правительство приняло решение

© Benthem Crouwel Architekten

itself takes up so much time that to predict all these changes would be impossible. Even we, the architects, when designing a particular structure, are unable to imagine how the situation in the city will change when the structure comes into operation. With regard to a project which is as long-term as the metro, this is especially true. And although construction of the North/South line has not been completed to date, its surroundings are changing, the city is being renewed, and this is something which is clear to everyone. Over the past 15 years new urban-development plans have been produced for the areas around the stations. We ourselves were involved in drawing up one of these projects; this was the area plan for the Central Station.

IN I read that it was you who proposed integrating the metro stations with the railway station.

JB Yes. The east line of the metro was connected to the old Central Station building — admittedly, though, the line stopped even before the square in front of the station. The metro station had first six and then nine entrances, and yet none of them led straight to the trains at the railway station: to cross from the metro to the railway, you had to go outside since the metro had no direct underground link with the station building. Building our North/South line would have required at least four entrances to be built in this place — i.e. there would have been 13 in all and yet it would still have been necessary to go outside in order to catch a train! It was then that we approached the city with a proposal to integrate all this and asked permission to demolish a single building on the square — the control centre for the metro's east line. This was a bunker-like structure. Amsterdamers always regarded it as a modern "carbuncle" on the face of the historical square, so permission to knock it down was given relatively easily and quickly. We used the space that this freed up to design an underground hall instead of the 13 separate entrances; the hall is shared by both metro lines and has three entrances connecting it with ground level. This made it possible to clear the square of all entrance pavilions and other small structures.

IN But there are buses as well?
JB Not just buses, but trams too! They make

14 **Центральный вокзал Утрехта.**
3D-визуализация /
Utrecht Centraal railway station.
3D-visualization

15 **Интерьер Центрального вокзала Утрехта.** 3D-визуализация /
Interior of Utrecht Centraal railway station. 3D-visualization

приватизировать железные дороги, разделив мегаструктуру на отдельные подразделения: одно из них теперь отвечает за инфраструктуру, второе — за перевозки, третье — за станции и т.д. Приватизация крупной государственной компании — сложное мероприятие, его можно осуществить, только если безжалостно резать по живому и заставлять части конкурировать друг с другом. Это существенно усложняет реализацию каких-либо проектов: как минимум, одновременно семь-восемь инстанций должны взаимодействовать друг с другом, имея в прошлом длинную историю взаимного недоверия. Можно требовать от них совместной работы, но что из этого может получиться? Ничего. Собственно, в этом и кроется причина, по которой именно наше бюро получило заказ сначала на проект Центрального вокзала Амстердама, а затем на главные вокзалы нескольких других крупнейших городов Голландии. Дело в том, что в нашей стране были только три инженерные фирмы, имеющие опыт реализации подобных сложных проектов: Articom, Movares и Arcadis, архитекторы которых и выполняли все проекты

для железных дорог. И все эти бюро возникли в результате приватизации железной дороги, так что несли на себе «бремя истории». Муниципалитеты не стремились заказывать им проекты, опасаясь получить результат «как раньше», поэтому искали компанию, не запятнавшую себя многолетним сотрудничеством с железнодорожной империей. И так получилось, что к тому времени, когда на горизонте возникли все эти большие проекты, мы были единственным архитектурным бюро в Голландии, самостоятельно построившим железнодорожную станцию — станцию аэропорта Схипхол.

ИН Сколько лет к тому времени уже эксплуатировался Схипхол?

ЯБ Три года. Конечно, проводить параллели со Схипхолом нужно очень осторожно: там был один заказчик — тоже, кстати, до этого приватизированная компания «Схипхол», которая сама могла все решать, располагала почти неограниченным бюджетом, сама устанавливала сроки реализации и ни с кем не была обязана обсуждать свои планы. «Схипхол» мог сам себе

выдавать разрешение на строительство и т.п. Это, конечно, сильно отличается от сложной ситуации с Центральным вокзалом Амстердама.

ИН Над какими вокзалами, кроме амстердамского, вы работаете?

ЯБ Над тремя самыми большими. Это центральные вокзалы в Гааге, Роттердаме и Утрехте. У всех проектов схожая история: они были частью более масштабных начинаний и буксовали на протяжении многих лет из-за необходимости получения слишком большого количества согласований. В Амстердаме, например, когда мы начинали, знаменитый проект Waterfront Рема Кулхаса находился в зависшем состоянии уже 10 лет, и было понятно, что он провалится, так как процесс принятия решений был до невозможности усложнен. Утрехт столь же безрезультатно пытался реализовать грандиозный проект «Утрехт-Центр» архитектора Рики Баккер. В Роттердаме вокзал до нас проектировал Уильям Олсоп, и он также предусматривал слишком масштабный девелопмент.

© Benthem Crouwel Architekten

up the lion's share of the traffic on the station square. So we went further and suggested to the city that since we had already started drawing up alternative planning solutions, we should have a go at resolving the situation with the buses too. There were three bus stations on the station square, so before leaving, some of the buses would have to cross the pedestrian crossing leading from the railway station to Damrak three times, and this, incidentally, was the busiest crossing in Europe! We proposed removing all the buses to behind the railway station. Construction of the North/South metro line was a great opportunity to create a way out into the city in this location and thus to provide a direct link with the buses. And although the original plan was to put the station at ground level, we subsequently found a way of raising it and creating a direct passageway underneath it for pedestrians, while we put the road behind the station, on the contrary, underground. In this way pedestrians can now walk from the very centre of Amsterdam to the IJ without once having to cross a road.

IN To come back to the metro, I have to say that I considered the lack of a direct link between the metro and the railway station a consequence of the fact that the Netherlands Railways and the metro are two completely different structures.

JB The Netherlands Railways was indeed for a very long time a state within a state which could itself decide what to build and where. The Central Railway Station in Amsterdam, for instance, was built on this site because that was what the railway wanted (the city itself would have preferred to build the station on Museum Square). For 100 years of its existence this state within a state had very strained relations with various cities and in the end the government took the decision to privatize the railways, dividing this megastructure up into separate departments — one of which is now responsible for infrastructure, another for freight, a third for the stations, and so on. Privatization of a large state company is a complex affair which can be done only if you pitilessly cut through living flesh and compel the different parts to compete with one another. This makes it considerably more difficult to realize any kind of project: at the very least, seven or eight different bodies have to work with one another in spite of their long history of distrust for one another. You can insist that they work together, but what good will come of it? None. This in fact is the reason why our firm was given the commission first to design Amsterdam's Central Station and then to design the main stations of several other large cities in Holland. The thing is that there were only three engineering companies in our country with experience of realizing complex projects of this kind: Articom, Movares, and Arcadis; all railway projects were carried out by architects from these companies. And all these firms had come into existence as a result of privatization of the railways, so they bore the "burden of history". The city authorities were in no hurry to commission projects from them; they were afraid that the result would be "just like before", so they sought a company which had not besmirched itself by many years of collaborating with the railways empire. And it so happened that at the time when all these large projects came on the horizon we were the only architecture firm in Holland which had designed a railway station all on its own — the Schiphol airport station.

17

© Benthem Crouwel Architekten

18

© Benthem Crouwel Architekten

© Jannes Linders
© Jannes Linders

Мы стремились сделать здание вокзала как можно более доступным, превратив его в «городскую площадь». Таким образом, само здание разрывает барьер, созданный в городе железной дорогой

И Н Какое же решение, предложенное вами, позволило сдвинуть все с мертвой точки?

Я Б В Утрехте власти позвали нас и спросили: «Как это у вас за три года все получилось в Схипхоле? А у нас за двадцать лет ничего не движется? Может, у нас проект плохой?» Нет, во всех этих городах были очень хорошие проекты, точные и перспективные. Но все они разрабатывались с позиции «все или ничего!», и для того, чтобы хотя бы начать их реализовывать, нужно было договориться как минимум с восемью партнерами. И это большое, я бы сказал, тотальное решение так и не смогли принять. Мы же предложили организовать процесс так, чтобы каждая из восьми сторон приняла решение, которое соответствует ее компетенции. Приведу понятный пример: ту структуру, которая отвечает за магазины и киоски на станции, не нужно спрашивать, где должны

пройти железнодорожные пути или как будет организована автобусная станция. Иными словами, каждая сторона должна получить возможность принимать только решения, непосредственно ее касающиеся, а весь процесс принятия решений необходимо расчленить на составляющие и четко определить их последовательность. Тогда каждая сторона принимает решение по своему вопросу, а потом, если все пойдет хорошо…

И Н Но все никогда не пойдет хорошо — каждый хочет чего-то своего, неизбежно возникает конфликт интересов.

Я Б Каждый хочет 100%, но никто не получит больше 70%! И это обязанность архитектора — создать у участников процесса ощущение, что в результате компромисса каждый получит возможный максимум. Архитектор должен серьезно подходить к требованиям всех

Haag Centraal

IN **How many years had Schiphol been operating at the time?**

JB Three years. Of course, you have to be very careful when drawing parallels with Schiphol. For the latter project there was only one client — the previously privatized company Schiphol — which could itself decide everything, had an almost unlimited budget, itself set the deadlines for implementation, and was not obliged to discuss its plans with anyone. Schiphol could give itself building permits and so on. This, of course, is very different from the complex situation with Amsterdam's Central Station.

IN **What railway stations apart from the one in Amsterdam are you working on at the moment?**

JB The three biggest: the central stations in Haag, Rotterdam and Utrecht. All these projects have similar histories: they were part of larger projects and had for many years been going nowhere due to the need to obtain too many approvals. In Amsterdam, for instance, when we began, Rem Koolhaas' famous Waterfront project had been frozen for 10 years and it was clear that the project would come to nothing since the decision-making process was impossibly complicated. Utrecht had been just as fruitlessly trying to realize its ambitious Utrecht Centre project by architect Riki Bakker. In Rotterdam, before we arrived on the scene, William Alsop had been working on designing the station; his development plans had likewise been too ambitious.

IN **What was the solution which you came up with which made it up possible to get things moving?**

JB In Utrecht the authorities called us and asked, "How is it that you completed your Schiphol project in three years? But here in Utrecht there's been no movement for 20 years? Maybe it's the design that's at fault?" No, in all these cities the

19 Центральный вокзал Гааги. Пешеходный переход над платформами превращен в комфортное общественное пространство с кафе и магазинами /

Den Haag Centraal Station. The pedestrian crossing over the platform has been turned into a comfortable public space with cafes and shops

20 Центральный вокзал Гааги. Общий вид /

Den Haag Centraal Station. General view

участников, но не принимать ничью сторону, оставаясь над схваткой. И когда он гарантирует справедливость в удовлетворении пожеланий сторон, каждый отдельный участник готов пойти на компромисс во имя целого, с уверенностью, что принесенная им жертва равноценна вкладу других сторон. Спроектировать хороший вокзал нетрудно — трудно его построить и организовать процесс принятия решений.

ИН Как бы вы сами сформулировали глав
ную планировочную идею своих проектов
центральных вокзалов?
ЯБ Едва ли не главной особенностью почти всех голландских вокзалов является то, что

они все были построены в XIX веке на окраине городов, а не в центре (там бы потребовалось что-то сносить). Поэтому все вокзалы имеют похожую схему — они ориентированы на город лишь одной стороной. Всегда имеется импозантный входной портал в город, который закрывает собой всю «грязную» часть железнодорожного хозяйства. Подход к перронам осуществлялся по тоннелям, а с другой стороны за железнодорожными путями лежали пустыри, неосвоенные территории. Такое четкое разделение на две части было логично в XIX веке, но города выросли, застройка обступила вокзалы со всех сторон, а двухчастное деление здания осталось, как и деление города на район перед вокзалом

21

© Benthem Crouwel Architekten

designs were very good, precise, and promising. But they were all developed based on the principle of "all or nothing!" and in order to even begin realizing them, it was necessary to reach agreement with eight partners. And taking such a big — or total, I would say — decision proved impossible. We proposed organizing the process so that each of the eight parties would take decisions in accordance with its competence. Let me give an example that will make this clear: there is no point in asking the structure which is responsible for station shops and kiosks where the railway tracks should go or how the bus station should be organized. In other words, each party should have the opportunity to take only those decisions which concern it directly, while the entire decision-making process should be divided into component parts with a clearly delineated order of precedence. Then each party will take decisions in matters which concern it, if everything goes well…

IN But it's never the case that everything goes well: everyone wants their own thing, there's an inevitable conflict of interests.
JB Everyone wants 100%, but no one will actually get more than 70%! And this is the architect's job — to give participants in the process the feeling that compromise can give everyone the best possible result. The architect must treat all the participants' requirements seriously, but not take anyone's side; he must remain above the fray. And when an architect guarantees that the different parties' desires are satisfied fairly, then each particular participant is ready to compromise in the name of the whole — confident that the sacrifice he makes is matched by the contributions made by the other parties. To design a good railway station is not difficult; what's difficult is to organize and structure the decision-making process.

IN How would you yourself formulate the main planning idea in your proposal for the central railway stations?

22

© Jannes Linders

© Jannes Linders

и менее престижный — за ним. Железнодорожные пути за это время разрослись и стали
рассекать все города на две части. Поэтому,
когда мы получили наши заказы на перестройку
вокзалов, мы решили попытаться избавиться
от этого разделения города и вокзального здания на две части. Мы не могли убрать пути под
землю или поднять их над землей, это было бы
очень дорого. Зато мы могли сделать здание
вокзала как можно более доступным, превратив его в «городскую площадь» — лучше всего
под путями. Таким образом, само здание разрывает барьер, созданный в городе железной
дорогой. Открытость здания и роль моста, свя-
зывающего разные районы города, сегодня
приобретает решающее значение.

ИН И Нидерландские железные дороги под
давлением коммерческих интересов
в конечном итоге дали на это согласие?

ЯБ Традиционно железные дороги стремятся
везде установить турникеты, чтобы контролировать вход в здание, препятствовать
проникновению в него нежелательных элементов и вообще рассматривают вокзал как
частное здание. Я с этим не согласен.
Вокзал — это общественное здание, принадле-
жащее всему городу, и оно должно оставаться
частью общественного пространства. Но,
к счастью, постепенно железные дороги стали
понимать, что для получения прибыли от
магазинов, киосков, кафе в здание вокзала
придется пускать всех. Приватизация вынудила
Нидерландские железные дороги стимулиро-
вать открытость и привлекательность зданий
вокзалов для публики, превращение их
в транспортно-коммерческие узлы города.

ИН А как же вопрос комфорта и, главное,
безопасности?

© Jannes Linders

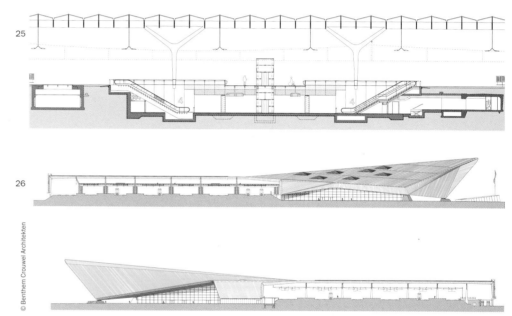

© Benthem Crouwel Architekten

JB Almost the main feature of almost all Dutch railway stations is that they were built in the 19th century on the outskirts of cities, rather than in the city centre (where it would have been necessary to demolish buildings). So all these stations share the same kind of layout: they have only one side facing the city. There is always an imposing portal providing an entrance to the city, and this conceals the "dirty" part of the railway infrastructure. The platforms are approached by means of tunnels, and on the other side of the railway tracks there is undeveloped wasteland. This clear division into two parts was logical in the 19th century, but then the cities grew, development came to surround the stations on all sides, but the division into two parts remained, in the same way as the division of the city into a district in front of the station and a less prestigious district behind it. With the passing of time the railway tracks expanded and began

bisecting all these cities. So, when we were given our contracts to reconstruct the railway stations, we decided to get rid of this division of city and station building into two. We were unable to remove the tracks to under or above ground; that would have been too expensive. Instead, what we could do was to make the station building as accessible as possible, turning it into a "city square" — preferably, under the railway tracks. In this way, the building itself breaks apart the barrier which the presence of the railway has created in the city. The building's openness and role as a bridge linking different districts of the city is today acquiring decisive importance.

IN And under pressure of commercial interests the Dutch Railways in the end agreed to this?
JB Traditionally, the railways have always tried to put turnstiles everywhere so as to control access

to the building and prevent undesirable elements entering it; and in general they view the station as a private building. I cannot agree with this. The station is a public building which belongs to the entire city, and it should remain part of public space. But fortunately the railways have gradually begun to realize that in order to make money from station shops, kiosks, and cafes, they will have to let everyone in. Privatization forced Netherlands Railways to make their station buildings more open and more attractive to the public and to turn them into transport/ commercial hubs.

IN But what about comfort and, most importantly of all, safety?
JB The feeling that you are unprotected arises, first and foremost, when you stop feeling that you are among other people.

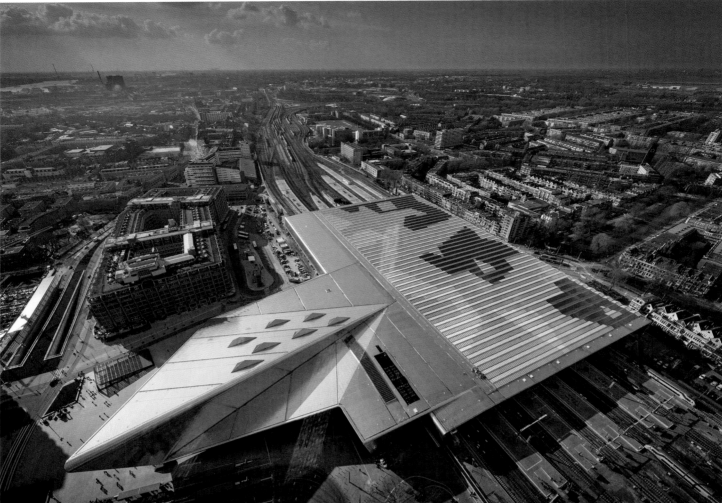

© Jannes Linders

© Jannes Linders

ЯБ Чувство незащищенности возникает, в первую очередь, когда вы не ощущаете себя среди людей. Где вы чувствуете одиночество? В пространствах, которые не можете контролировать. В этом преимущества простых, компактных, комбинированных входов, позволяющих избежать многочисленных переходов. Люди, собравшись вместе, обеспечивают тем самым социальный контроль. Идея общественного достояния работает! Например, в Роттердаме мы пытались сделать здание вокзала как можно компактней, чтобы возникло ощущение, что магазинчики сами по себе с улицы «продолжаются» на вокзал, незаметно и естественно проникая в здание.

ИН В роттердамском вокзале при этом очевидно деление здания на две части: просторный зал над путями и входной холл в город. Эти две части решены по-разному.
ЯБ Старый вокзал делил город на две части: центр Роттердама и его задворки. Чтобы

избавиться от этого и расширить тоннель, соединяющий эти две части города, пришлось снести великолепное здание старого вокзала. Для нас было важно, чтобы оба фасада нового вокзала стали главными, равноценными для Роттердама. Когда проект Олсопа был отклонен, муниципалитет решил разделить проблему на две части: железные дороги сами для себя модернизируют пути, строят перроны и навесы над ними, а муниципалитет — возводит свое здание вокзала. Но когда был организован конкурс на новый проект, мы сказали муниципалитету, что нам важно не само здание, главное, чтобы возникло общественное пространство, новый общегородской центр притяжения — вместо «заслонки», за которой город прекращается. Для нас главное было построить кровлю над перронами и создать два городских фасада. Вместе с широким тоннелем это превратило бы вокзал в перекрытую «площадь», связывающую, объединяющую две части города.

Вместо большого холла мы запроектировали интегральное перекрытие перронов с небольшой входной частью в сторону центра, откуда до сих пор приходят 80% пассажиров. Основная идея — поезд прибывает на вокзал, и, выходя на перрон, вы сразу оказываетесь в городе! Поэтому, представляя нашу концепцию на конкурсе, мы пытались убедить муниципалитет потратить деньги не на здание, а инвестировать их в качественное перекрытие над перронами. Это требовало объединения бюджетов. К этому времени метро уже было запроектировано и имело два подземных входа. Мы предложили оставить вход в метро открытым на улицу, как и везде в Роттердаме, но вытянули вокзальный козырек так, чтобы он навис и над входом в метро, защищая его от дождя. Так получился этот запоминающийся образ здания, которое, как я надеюсь, будет способствовать перерождению самой типологии городского вокзала и, шире, транспортного узла в городе XXI века. Ⓢ

27 **Центральный вокзал Роттердама.**
Вид сверху /

Rotterdam Centraal railway station.
View from the top

28 **Перекрытие перронов
спроектировано таким образом,
чтобы** сделать их максимально
светлыми /

**The covering over the platforms is
designed in such a way as** to make them
very bright

Where do you feel alone? In spaces which you are unable to control. This is the advantage of simple, compact, combined entrances which make it possible to do without the need for a large number of passageways. When people gather in one place, they by the same token exercise social control.

The idea of public domain actually works! For instance, in Rotterdam we tried to make the station building as compact as possible so that there would be the feeling that the area's little shops themselves "extend" from the street into the station, entering the building in an entirely natural, inconspicuous fashion.

IN And yet the Rotterdam station has a clear division into two parts — the spacious concourse above the tracks and the hall leading out into the city. These two elements reveal different approaches.

JB The old station building divided the city into two parts: the centre of Rotterdam and its outskirts. In order to get rid of this and to widen the tunnel linking the city's two parts, we had to knock down the magnificent old station building. For us it was important that both facades of the new station should have equal value for Rotterdam. When Alsop's design was rejected, the city authorities decided to divide the problem in two: the railways were to be responsible for modernizing the tracks, building the platforms and the station canopies, while the city was to build the new station building. But when the competition for the new design was held, we told the authorities that the main thing, as far as we were concerned, was not the building itself, but the creation of a public space, a new city attraction — instead of a barrier beyond which the city comes to a stop. For us the main thing was to build a roof over the platforms and to create two city facades. Together with the wide tunnel, this would turn the station into a covered "square" which links and unites the two parts of the city. Instead of a large hall, we designed an integral roof over the platforms with a small entrance towards the centre, which is where 80% of passengers still come from. The main idea is that the train enters the city and, when you get out onto the platform, you find you're already in the city! So, in presenting our concept at the competition, we tried to persuade the city to spend money not on the building, but on a high-quality roof over the platforms. This required the funding allocations for the two projects to be pooled. By that time the metro had already been planned and already had two underground entrances. We proposed leaving the entrance to the metro open to the street, as everywhere else in Rotterdam, but we stretched the station canopy in such a way that it extended over the entrance to the metro too, protecting it from the rain. This is how we arrived at the memorable design — a design which will, I hope, play a part in the rebirth of the urban railway station and, more widely, the transport hub in the 21st-century city. ⑤

© Yuri Zhuravel

портрет

Хиро Асо: **Пассажиры всего мира заслуживают лучшего**

Hiro Aso: **Passengers deserve the best**

интервью Юрия Журавеля / **interview by** Yuri Zhuravel

Бюро **John McAslan + Partners** входит в десятку крупнейших архитектурных компаний Великобритании и наряду с коммерческими и социальными объектами реализует большое число транспортных проектов по всему миру. Своей главной задачей бюро считает «создание архитектуры, улучшающей качество жизни людей», и к построенным John McAslan + Partners объектам транспортной инфраструктуры это относится едва ли не в первую очередь. Управляющий партнер бюро **Хиро Асо**, возглавляющий Департамент инфраструктуры и транспорта, убежден в том, что суть любого современного мегаполиса — не в зданиях и даже не в отдельных пространствах между ними, а в том, насколько эффективно и удобно они связаны, чего можно добиться лишь с помощью тщательно продуманной и красиво спроектированной транспортной инфраструктуры. Хиро Асо руководил разработкой и реализацией таких проектов как метро в Дели, станции Crossrail и Jubilee Line Extension в Лондоне, транспортно-пересадочные узлы в Москве и реконструкция знаменитого вокзала Кингс-Кросс, которая за последние два года была удостоена более 15 профессиональных британских и международных наград.

John McAslan + Partners is one of the top ten architectural practices in the UK. Its portfolio features numerous commercial and multifunctional facilities as well as quite a few important transport projects around the world. The practice's self-proclaimed mission is to "create architecture to improve people's lives" — and that's where the transport infrastructure facilities designed by JM+P immediately spring to mind. **Hiro Aso**, JM+P's Director in charge of major transport and infrastructure projects, is convinced that a modern metropolitan city is more than mere buildings and the spaces between them. They should also be linked together in an efficient and convenient way — which can only be achieved through carefully planned and beautifully designed transport infrastructure. Hiro Aso has overseen project and design management of the Delhi Metro, Crossrail, London Underground's Jubilee Line Extension, Moscow commuting hubs and the famous King's Cross Station redevelopment, which has won more than 15 British and international awards in the last two years.

Юрий Журавель: Вы уже несколько лет
активно работаете в Москве. Планируете ли
вы заниматься московским транспортом
и, в частности, метро? Ведь российская столица — один из наиболее сильно зависящих
от метро мегаполисов мира.

Хиро Асо: Возможность работать в Москве
я считаю нашей огромной профессиональной удачей. И не только в Москве, а вообще в
России, ведь мы участвуем в проектах и за пределами столицы, например, в Санкт-Петербурге.
Наши не так давно открывшиеся объекты Mebe
One Khimki Plaza и бизнес-центр «Олимпия
парк» стали заметными событиями. Нашим же
первым по хронологии российским проектом
была «Фабрика Станиславского», которая
в итоге удостоилась награды RIBA (Королевского института британских архитекторов).
По-моему, это первый случай — или один из
первых — когда RIBA дали награду британской фирме за проект в России. «Фабрика
Станиславского» вообще во многих смыслах
уникальна, ведь там мы одновременно занимались реставрацией исторического наследия,

возводили новые объемы и делали сложный
проект ландшафтного дизайна. Иными словами,
пока наше бюро известно в Москве, в первую
очередь, именно коммерческими и многофункциональными комплексами. Но сейчас мы
также работаем и над проектами нескольких
транспортно-пересадочных узлов, непосредственно связанных с московским метро.
О да, если вам повезло побывать в Москве
и попасть в метро — сразу же ощущаешь,
насколько интенсивно оно используется.
Я бы даже сказал, что не остается никаких
сомнений: оно на пределе своей пропускной
способности. Поэтому совершенно понятно,
почему мнение о том, что Москве жизненно
необходимо инвестировать в развитие метро,
пользуется такой популярностью. Но хочу
отметить, что Москва в этом смысле отнюдь не
одинока, — такая же ситуация складывается
в любом быстроразвивающемся городе,
и в каком-то смысле это естественно и неизбежно. Мы, например, сейчас работаем над
проектом надземного метро в Дакке, столице Бангладеш, и должен признаться, это

2

© John McAslan + Partners

Yuri Zhuravel: You have been actively working in Moscow for several years. Do you plan to do any transportation projects for the city — in particular, for Moscow's metro? The Russian capital is one of the most underground-dependent cities in the world.

Hiro Aso: I consider the possibility to work in Moscow a great professional success for us. And not only in Moscow, but in Russia in general, after all we are also involved in projects outside the capital, such as in St. Petersburg. Our recently opened business centres — Mebe One Khimki Plaza and Olympia Park — are very visible. The first project in Russia, chronologically, was the Stanislavsky Factory, which ended up winning a RIBA (Royal Institute of British Architects) award. I think it was one of the first, if not the first, award won from RIBA by a British firm in Moscow. The Stanislavsky Factory is unique in many ways because we were involved in the restoration of historical heritage, constructed new buildings, and executed a complex landscape design plan. So this project responded to the surroundings and the historical context. In other words, in Moscow

our practice is so far known mainly for commercial and mixed use projects. But we are also working on some transport hub projects that are directly directly with the Moscow underground. If you are lucky enough to be in Moscow and end up going into the metro system — then immediately you understand how intensively it is used. I would even say that without a doubt it's at the limit of its capacity, especially during rush hours. Therefore, it is completely understandable why it is vitally important to invest into the expansion of the metro. But I find that this is the case with any city that is rapidly growing. We are also currently working on an elevated metro system in Dhaka, the capital of Bangladesh — creating a new piece of railway infrastructure to allow the city to keep growing. It's a crazy place, suffocating without a rapid transit system. Moscow, of course, being twice the size of London, has a massive terrain — and yet, in comparison, it has a very skeletal Metro system. It desperately needs an expansion program, but if you look at cities like Dhaka, then you realize that it could be worse. So this a global and perhaps,

4   **Схема расположения** проектируемого ТПУ **в Косино** /
Diagram showing **key station connections** of the proposed transport hub at Kosino

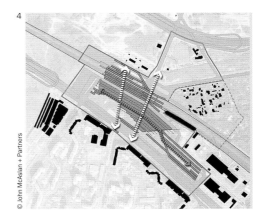

4

© John McAslan + Partners

©Yuri Palmin

3

© John McAslan + Partners

5 **Вход на станцию «Бонд-стрит»**
железной дороги Crossrail и
предполагаемое развитие
прилегающей территории на улице
Дэвис-стрит. 3D-визуализация /
View of Davies Street Crossrail station
and over-site development. 3D-model

совершенно сумасшедший город, который
задыхается без внеуличных систем транспорта.
Москва, конечно, вдвое больше Лондона,
имеет гигантские территории и при этом относительно редкое покрытие станциями метро,
но если посмотреть на такие города, как
Дакка, то сразу понимаешь, что все может быть
гораздо хуже. Так что это общемировая
и, пожалуй, самая актуальная сейчас тен-
денция: мегаполисы должны отказаться от
автомобильной зависимости и перенаправить
денежные вложения в общественный транспорт — железную дорогу, метро, трамваи и т.д.

**Ю Ж После этого еще нужно убедить пас-
сажиров пересесть из машин в рельсовый
общественный транспорт. Как, на ваш
взгляд, можно осуществить этот глобальный
переход с одного вида транспорта
на другой?**

Х А Нужно понять: почему люди хотят ездить на
автомобилях? И в контексте этого — насколько
реалистична сама концепция перехода?
Давайте ненадолго вернемся к Москве. Там мы
сейчас работаем над транспортно-пересадоч-
ным узлом «Саларьево», это на юго-западе,
в самом конце Сокольнической ветки. Она расположена прямо на Киевском шоссе. Поначалу
мы думали только о том, как быстрее разгру-
зить шоссе за счет перехватывающей парковки

и перенаправить пассажирский поток по аль-
тернативному маршруту в центр Москвы, но
постепенно концепция трансформировалась.
Сейчас свою главную задачу мы видим именно
в том, чтобы убедить как можно большее число
пассажиров отказаться от автомобиля. Да, надо
понимать, что есть люди, которым нравятся автомобили и которые никогда не захотят менять
свой способ передвижения. Но есть и молодое
поколение, молодые семьи, в каком-то смысле
будущее Москвы, и они вполне готовы увидеть
всю бессмысленность многочасового стояния
в пробках и признать, что это не только
глупо, но и достаточно вредно для окружающей среды. В Саларьеве будет создана новая
типология — и я надеюсь, ее можно будет
воспроизвести и в других местах, — которая
благоприятствует неторопливому движению. Вы
возвращаетесь в Саларьево, сделав свои дела,
поработав или отучившись. Но перед тем как
сесть в автомобиль или на мотоцикл, вы можете
пройтись по магазинам, посетить какое-то
культурное событие, встретиться с приятелем,
супругой или супругом — в общем, сделать
какие-то приятные вещи и тем самым наполнить
каждодневное перемещение из центра домой
дополнительным содержанием и смыслом.

**Ю Ж Что скорее привлекает пассажиров
на такой транспортный узел: его инфраструктура или дизайн? Или и то, и другое?
Удобство пользования или эстетика?**

Х А Если начистоту — мы, пожалуй, хотели бы
думать, что человека привлекает общее впечатление от пользования комплексом или то,
как он выглядит. Но в первую очередь люди
требовательны к удобству комплекса,
и только во вторую очередь имеет значение
то, насколько запоминающимся был опыт пользования его инфраструктурой. Обычно люди не
склонны сначала подумать: «Как здесь красиво, надо бы еще раз приехать» — и уж только
потом выяснять, насколько удобно все устро-
ено. Люди хотят пользоваться комплексом,
который будет отвечать их требованиям
в плане удобства, и при этом находиться в при-
ятной среде, быть уверенными в ее чистоте
и безопасности. Но, конечно, мы исходим из того,
что уровень запросов потребителей постоянно растет. Они повидали мир, а кроме того,
постоянно повышают свою осведомленность
благодаря современным технологиям — мир
Фейсбука настолько более информирован
по части ожиданий и запросов, чем мы были
20 лет назад! Надо понимать, что сегодняшний
потребитель — и тем более потребитель будущего — имеет очень большие ожидания: для
архитекторов это всегда серьезный вызов.

**Ю Ж А как сделать так, чтобы транспортный
узел как можно дольше оставался современным? Какие факторы вы пытаетесь учесть
в первую очередь?**

Х А Пожалуй, самое важное здесь — чтобы
комплекс не только нормально работал сразу
после запуска, но и был способен расти
и развиваться. Иными словами, мы должны
предусмотреть все возможные сценарии его
развития и адекватно оценить потенциал роста
эксплуатационной нагрузки. Взять, к примеру,
то же «Саларьево»: комплекс должен работать
как система с простыми переходами с одного
вида транспорта на другой. Не только из метро
в автомобиль, но и на автобусы или трамваи.

© John McAslan + Partners

the most pressing trend: the dependence on cars needs to stop and investment should be channeled towards public transport systems like railways, metros, trams and things like that.

YZ After you do that, you still have to convince people to leave their cars behind and opt for public transportation. How do you think this global transition from one mode of transport to another could be achieved?

HA We have to understand the reasons: why do people want to stay in their cars? And in the context of that — how sustainable is our modal shift agenda? We've been thinking about it over the last two years after we got involved in Moscow transport hub projects. We are currently looking at a site called Salarievo in the South-West at the very end of the red Metro line. And it is right on the M3 motorway. Initially we were focused on how to get everybody off the M3 as quickly as possible using the station's facility as a park and ride to allow an alternative route into the city of Moscow, but gradually our idea changed. And we looked at different scenarios but the one that we are most interested in is actually to target people who would want to make the modal shift. We need to understand: there are people who want to stay in their cars, who don't want to change what they are currently enjoying. But there are also people — the younger generation, younger families, the future in

many regards of the city of Moscow, who are ready to see how little sense it makes to spend hours in traffic jams every day, and how bad it is for the environment. What has been created in Salarievo, I hope can be a typology that could possibly be repeated elsewhere, which would encourage more unhurried movement. You return to Salarievo, having completed your errands, worked, or gone to school. But before hopping onto your motorbike or in the car, you can enjoy the multi-use facility that is located there. It might be shopping, attending a cultural event, or meeting with a friend, a husband or wife — in general, partake in some pleasant activities, and thereby add content and meaning to the everyday movement from the center back to home.

YZ What attracts passengers to a transport hub most: its infrastructure or design? Or a combination of both? Usability or aesthetics?

HA To be honest, I'd say that we probably would like to think that it is all about the general experience, or how it looks. But first of all people are more demanding in terms of the facilities' convenience, and only secondly does it matter how memorable was the experience of using its infrastructure. I think it's in that order. People don't usually go, "wow, that looks great, let's use it again" - and only then figure out that everything is also convenient. I think people want to use a

6　Зал билетных касс станции «Бонд-стрит». 3D-визуализация /
View of the new ticket hall of Bond street station. 3D-visualisation

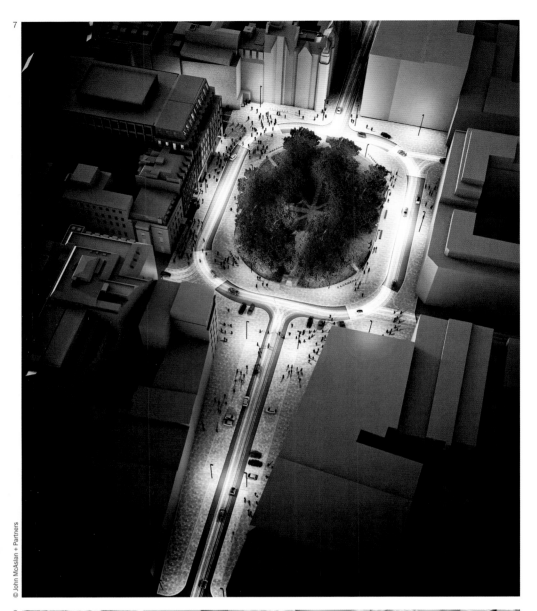

© John McAslan + Partners

7 **Концепция** развития территории станции **«Бонд-стрит»** /
Bond Street Crossrail urban integration study

8 **3D-модель станции «Бонд-стрит»,** встроенная в панораму центра Лондона /
Bond Street Crossrail 3D schematic superimposed onto wider context model

Поэтому чрезвычайно важно учесть особенности использования каждого из этих видов транспорта. Плюс в Москве есть еще такое уникальное явление, как маршрутки, то есть микроавтобусы, которые за 20-25 рублей возят по маршрутам, где не ходят обычные автобусы, а также неформальная, но очень развитая сеть автомобилистов-частников, готовых подвозить пассажиров из точки А в точку Б. Она, с моей точки зрения, очень опасна, но мы же не можем ее отменить, наше дело — проанализировать все исходные данные, влияющие на выбор транспорта, и учесть их. Кроме того, необходимо думать над тем, как в процессе эксплуатации комплекса будут функционировать пространства между зданиями. Сегодня территория вокруг строений, ландшафт приобретают все большее значение. Это, конечно, на порядок сложнее сделать в городских условиях, когда существуют пространственные и иные ограничения.

Ю Ж Как модернизировать метрополитен, которому уже много лет — как, например, лондонскому — и который имеет в связи с этим определенные ограничения?

Х А Мне кажется, Лондон в этом смысле является очень хорошим примером. Среди наших клиентов — Лондонское управление городского транспорта (Transport for London) и Британские железные дороги (Network Rail), так что я говорю и о нашем вкладе в развитие инфраструктуры рельсового транспорта в городе. Я бы сформулировал наш подход так: любое транспортное сооружение необходимо анализировать как изнутри, так и извне, как полностью погрузившись в его проблемы, так и отстраненно воспринимая его со стороны. К примеру, лондонский вокзал Кингс-Кросс. Это не метро, а железнодорожная станция, но задачи пришлось решать похожие. На станции уже была инфраструктура, и она частично сохранялась, хотя ее функция зачастую кардинально менялась. Самый показательный пример — билетные кассы. Сама модель пользования билетными кассами в последние годы кардинально изменилась из-за развития онлайн-технологий и появления смартфонов. Все больше людей, приходя на станцию, уже имеют билеты — или их цифровой аналог. А значит, необходимость в больших билетных кассах отпадает. Путешественники не хотят лишний раз стоять в очереди, если о билете можно позаботиться заранее. Поэтому нам пришлось думать над тем, как распорядиться площадями, изначально выделенными под билетные кассы. И мы видели, как минимум, три варианта: просто расчистить пространство, предложить пассажирам другой объект, на который есть спрос, — кафе или магазин, — или создать нечто третье, что-то такое, о чем применительно к вокзалам никто раньше даже не думал. Это что касается анализа объекта изнутри. Но не менее важен и взгляд извне. Какова в принципе роль вокзала в структуре современного города? Насколько выразительным, насколько многофункциональным он должен быть? Я этим летом был в Риме, где еще раз убедился в том, что имидж современных вокзалов меняется на глазах. Еще 20 лет назад даже главные вокзалы в городах Европы зачастую были обшарпанными, грязными, вонючими и в целом неприятными. А сейчас это центры притяжения людей, причем не только пассажиров, а просто горожан. Активно меняются и

facility and expect that facility to provide all the convenience they demand, and in addition be in pleasant surroundings that they want to come back to, feeling that it was safe and clean.
But of course we do believe that customers are becoming much more demanding. They are more travelled, and what is more, they are better informed because of technology; the Facebook world is so much more informed in terms of what they should be expecting and demanding than we were 20 years ago. We need to realise that today's customers — and those in the future — are more sophisticated than ever, and therefore we need to think about their expectations. For architects this is always a great challenge.

YZ How can you make it so that a transport hub stays modern as long as possible? What factors are you trying to take into account first of all?

HA Perhaps the most important thing here is that the facility not only work fine immediately after launch, but is able to grow and develop. Flexibility should be built into the way the site works. We hope for success and growth; so we have to think about how and where the development could grow. Take Salarievo for example: it should work as an operational facility with easy inter-modal movements, not just metro to car, but also to bus system or tram system. Each of these means of transportation has a different set of characteristics which are to be taken into account. In Moscow there's also a very unique thing: the commercial buses, where for 20-25 roubles you hop into a minivan and it takes you to where a scheduled bus can't take you, something in between taxis and buses. Another option is an informal public transport system with people willing to drive others who need to get from A to B, the informal car arrangement. Which, I think, is is quite dangerous, and there are lots of other challenging issues with it, but we have to take it into account. We should also make sure that the experience is properly considered in terms of spaces between the structures. It's not just about the buildings; it's about public ground and the landscape around and inside the structures. It's more difficult in an urban setting where things are constrained.

YZ If there's an old underground system — like the one in London, with certain limitations already built-in — what's the best way to modernise it?

HA I guess you have to do it like we've done in all of our London underground projects. Our clients include Transport for London as well as Network Rail (the British railway system). It's a dual approach: looking at a facility from inside outwards, but also from outside inwards.
For example, the King's Cross station. It is not a metro station, it's a railway station, but the issues are similar. Facilities were already there and sometimes these facilities are retained. But that becomes a problem when the reason for these facilities is changing, has evolved or is maybe completely gone. Ticketing, for example. The technology and usage of facilities for ticket purchase have completely changed because of smartphones and IT developments. The increasing proportion of people who already have a ticket or something that resembles a ticket in the digital world means that reliance on big ticket counters has disappeared. People don't

9

© John McAslan + Partners

want to be queueing unnecessarily if they can pre-arrange things. So, these spaces that were provided for ticketing — now we need to think what to do with them. The usual considerations are: can we just create more space, because it becomes too intense in terms of densities? Or maybe we provide a different facility, like a cafe or a retail outlet which customers want? Or consider something completely different, something that we haven't thought about. These are things that we look at from inside out — the operational changes, the behavioural changes. But we also look from outside. I travelled through Rome this summer. And it really reinforced the feeling that I had previously: station environments are transforming now, but 20 years ago, when you went to a station in Europe, they tended to be grotty, dirty, smelly and not very nice. Even the most prestigious stations. If you go to these places now, there's a lot of development taking place, completely changing the characteristics of these railway territories, the spaces around railway stations. Why? Because people are realising that infrastructure actually has inherent value, and clients make their assets work much harder. That fits in very nicely when clients are also thinking about developing their operational part — be it a station or a depot — surrounded by what may have previously been considered dirty, secondary space. In these situations development

9 **Платформы поездов** дальнего следования вокзала **Кингс Кросс** /
   King's Cross Station restored Main Train Shed

© HUFTON + CROW / VIEW / ARTUR IMAGES

территории, прилегающие к железной дороге, и пространства вокруг станций. Почему? Потому что растет понимание того, что инфраструктура имеет собственную ценность, и города начинают эксплуатировать эти свои активы гораздо интенсивнее. Это особенно хорошо работает в случаях, когда заказчики думают о развитии не только самих пассажирских терминалов, но и технических объектов вокруг — депо, складов и других объектов, которые некогда казались грязными и вторичными. Продуманное развитие прилегающих к железной дороге инфраструктурных территорий очень помогает в модернизации ключевого объекта — самого вокзала — и позволяет сделать его более привлекательным для города и его жителей. Мне кажется, отношение к железным дорогам претерпевает ту же трансформацию, что и реки больших городов. Скажем, еще пару десятилетий назад в Токио были очень грязные реки: на их очистку были потрачены огромные средства, равно как и на благоустройство береговых территорий, и сегодня прибрежные участки стали невероятно престижными. То же самое происходит в Лондоне, то же самое в ближайшие годы произойдет и в Москве, где уже объявлен конкурс на концепцию развития территорий, прилегающих к Москве-реке. Рельсовый транспорт, в силу своих технических особенностей, это те же реки — его пути сложно пересечь, но их можно переосмыслить градостроительно, включив в структуру города как самоценный элемент.

ЮЖ До того как заняться транспортом, вы работали в других секторах. Почему вы решили сконцентрироваться на транспорте, чем он вас привлекает?

ХА Это очень динамичный сектор и очень демократичный. Он не может быть эксклюзивным — иногда в нем проявляются такие черты, но в основе самой его концепции лежит принцип демократичности и общедоступности. Когда реализуешь транспортный проект, он незамедлительно начинает приносить людям пользу, — меня это невероятно мотивирует и дарит чувство удовлетворения.

ЮЖ Лондонский вокзал Кингс-Кросс — пожалуй, один из самых крупных ваших проектов. С какой наиболее серьезной проблемой вы столкнулись в ходе работы над ним?

ХА Пожалуй, сложнее всего было убедить заказчика реализовать вариант, который изначально вообще не предусматривался. Мы ведь построили новый вестибюль с западной стороны вокзала. 40 с лишним лет он находился на южном торце, а мы его переместили, причем на участок, который изначально вообще не принадлежал нашему заказчику. Очень непросто было реализовать решение, которое потребовало приобретения большого земельного участка в центре Лондона! Но жизнь показала, что мы были правы: вокзал получил более удобную структуру, и при этом мы подчеркнули его историческую планировку: ведь изначально вход был именно с этой стороны.

ЮЖ А какое влияние ваш проект оказал на территорию вокруг Кингс-Кросса?

ХА Наш проект был частью масштабной стратегии обновления этого района Лондона. Поэтому было бы самонадеянно утверждать, что проекты вокруг вокзала появились благодаря вокзалу. Успех зависел, в первую очередь, от решительности местных властей. Вокзал находится в лондонском округе Кэмден, а прямо напротив начинается другой административный округ — Ислингтон. Было крайне важно, чтобы руководство этих округов совместно работало над проектом — только так можно было реализовать план обновления. Что же касается бывших «задворок» вокзала, то и их развитие, в первую очередь, зависело от консолидации усилий администраций двух округов. К счастью, они увидели потенциал этих довольно заброшенных территорий. Помню, когда я в 1997 году отправился туда на рекогносцировку с цифровым фотоаппаратом, на меня набросились разъяренные проститутки, которые подумали, что это я их пришел фотографировать. В общем, непростая была окружающая среда. На улицу Йорк-Уэй раньше лучше было вообще не соваться, а сейчас она очень милая, с едва ли не средиземноморской атмосферой.

ЮЖ Насколько для транспортного проекта важен местный контекст?

ХА Он принципиально важен. И с его детального изучения мы начинаем работу над каждым новым проектом. Чтобы среда расцвела, необходимо увидеть все ее сильные и слабые стороны — это процесс непростой, но по-своему увлекательный, и признаюсь, в нашем бюро мы очень ценим работу с существующими

of railway territories, or infrastructure territories, also assists in modernisation of the facility and makes it more attractive for the city and the people who live in it. I'm more aware of railway environments around the world, but take rivers: there's the same kind of evolution. In Tokyo rivers were dirty and a lot of money was invested in cleaning the rivers. As a result, the space around rivers has become prime land. This is happening in London, and it is going to happen in Moscow, too — a competition has been announced to develop the areas adjacent to the Moscow River. Because of its technical characteristics, rail transport is similar to rivers — their paths are difficult to cross, but you can rethink them in terms of urban planning by including them in the structure of the city as a self-contained entity.

YZ You worked in other areas before, but then moved on to transport. Why? What do you like about transport?

HA It is a wonderfully dynamic sector, and it is also democratic. It can't be exclusive — well, sometimes it is but it should be fundamentally democratic and accessible for all. And I can see that when we realise some of our projects, people immediately benefit from the investment. I find that very motivating and fulfilling.

YZ King's Cross is probably your biggest project so far. If you were to name the greatest challenge that you faced when working on it, what would it be?

HA I think the most difficult thing was working with our client to pursue an option which didn't exist in the beginning. The end solution was to create a new concourse in the area to the west of the station. For 40+ years it used to be on the southern side, and we moved it — to a piece of land that didn't belong to our client. To pursue a solution which required the acquisition of a considerable amount of land in the center of London was a real challenge. But I believe it was the right thing to do: it creates the right connectivity solutions and also addresses the history of the station — because the entrance was originally from this side.

YZ How has your design transformed the area around King's Cross?

HA I would say that the project was already embedded in a wider strategy to regenerate this part of London. So to claim that the projects around the station were delivered because of the station would be arrogant, we were just one piece of a much bigger puzzle. The success of the project relied on very strong leadership by the city authorities. The station sits within one local authority — the London Borough of Camden, but right across it there is a different authority — the London Borough of Islington. It was absolutely imperative to have the two local authorities working in partnership to allow the regeneration agenda to be realised.
In terms of the wider area within Camden and Islington around the station, that was really down to the ability to see the future opportunities for these rather derelict lands by the local authorities. Back in 1997 I had to do a site reconnaissance there with a digital camera. And I got chased by angry prostitutes who thought I was taking photos of them. Very, very challenging environment. But if you go there now, it's vibrant and completely transformed. York Way used to be an absolutely no-go area, but now it's lovely and almost feels Mediterranean.

© HUFTON + CROW / VIEW / ARTUR IMAGES

YZ To what extent is local context important for a transport project?

HA It's fundamental. The local setting in most of our projects is absolutely the first thing that we research. To do that we really have to understand the opportunities that the existing environment offers, which isn't easy, but quite exciting. Our interest right from the beginning of the practice was to work with existing assets, the historical settings. We enjoy the responsibility that comes with working with existing structures, buildings and context. It's also rather satisfying to see a dilapidated area becoming lively again.

YZ Obviously it is impossible to do big projects alone. What consultants do you use and how many consultants and companies are needed — and to do what — in a project?

HA I just came from Rome where I looked at historic architectural masterpieces, which were built in

10 **Новый вход вокзала Кингс Кросс /
New entrance of King's Cross Station**

11 **Главным украшением** нового вестибюля стала **ажурная конструкция перекрытия** /
King's Cross Station lattice canopy structure

© John McAslan + Partners

© John McAslan + Partners

объектами и исторической застройкой. Нам нравится ответственность, которую накладывает взаимодействие со сложившейся средой. И к тому же всегда очень приятно видеть, как заброшенный район вновь расцветает.

Ю Ж Большой проект в одиночку не осуществить. С какими консультантами и компаниями вы работаете на разных стадиях?

Х А В Риме я, например, любовался историческими шедеврами архитектуры, которые были построены в эпоху Возрождения, когда за все отвечал один человек — архитектор. Довольно авторитарный подход, и, думаю, что эта модель совершенно неприменима сейчас, в современном мире. Например, реконструкция Кингс-Кросс — это поистине совместный проект. Все знают поговорку: если над чем-то работать коллективно, то выйдет ишак, а не чистокровный жеребец. Но когда собираются правильные люди, с правильным отношением и, желательно, правильным видением, — на выходе можно получить замечательное решение. Конечно, многое зависит от стадии проекта. В начале выше ответственность архитектора, но по мере разработки проекта все весомее становится вклад инженеров, а на этапе реализации все более важную роль играют подрядчики. Так что это величина переменная. Что касается дизайна — мы хотели бы думать, что отвечаем как минимум за половину, но в реальности, пожалуй, наша сфера ответственности меньше. И, конечно, чем крупнее проект, тем больше его реализация зависит от инженеров.

Ю Ж В России сами станции метро и наземные входные павильоны нередко проектируют разные архитекторы. А как это работает в Лондоне или, скажем, в Дели, где вы проектировали 10 станций?

Х А Какого-то общего подхода, думаю, нет. К примеру, в Лондоне мы с начала 1990-х годов работали на разных крупных проектах метрополитена. И все они — новый участок Джубили-лайн, Восточно-Лондонская ветка, Темзлинк, Кроссрейл и вот сейчас продолжение Северной ветки — были очень разными. К примеру, на Кроссрейл станции проектируются разными архитектурными бюро, но относится это только к надплатформенному уровню. Наша станция — «Бонд-Стрит», и над ней мы работаем совместно с другой компанией, которая проектирует непосредственно платформу. Они предоставляют нам стандартные архитектурные и технические решения, и мы их интегрируем в проект. У Кроссрейла очень длинные платформы, более трехсот метров, поэтому на каждой станции необходимы два наземных выхода. И вот там, где они достигают поверхности, начинается наша сфера ответственности.

А в Дели мы проектировали все объекты самостоятельно. Там мы работали над проектом 10 станций на 14-километровом участке линии, строительство которого было приурочено к Играм Содружества в 2010 году. Маршрут проходит из центра города на юг, в Кутаб-Минар, и далее в соседний штат Харьяна. Задача была обеспечить транспортную доступность региона, который очень быстро развивался и потому оказался буквально «оккупирован» автомобильными пробками.

© John McAslan + Partners

an era when one person was responsible for everything — the architect. Quite an autocratic arrangement. Clearly, this Renaissance model is irrelevant and has no place in the modern world. For example, the King's Cross solution was a genuine collaborative effort. Which is interesting, because we also say that if you try to design something in a committee, you get an ugly donkey, not a thoroughbred. But if you have the right people and they have the right attitude and hopefully the right vision, then you get get to a wonderful solution. It also depends on which stage you're at. In the beginning obviously the architect has more responsibility, but as you go through the project, the engineers get more responsibility; and when it is being realised on site, then the contractors have more responsibility. So it varies throughout the course of a project. In terms of the design effort, we'd like to think that half of the responsibility is ours, but probably it's less than that. And, of course, the bigger the project is, the bigger is the dependency on engineers.

YZ In Russia underground station entrances and the stations themselves are often

designed by different teams. What is the practice in London or, say, in New Delhi, where you've designed 10 stations?

HA I don't think there's a general method. For example, in London we worked on major metro projects. And every single one of them from the early 1990s, starting with the Jubilee line extension, then the East London line, Thameslink and Crossrail and now the Northern line extension — they were all different. Take Crossrail. The stations are done by individual architectural teams, but this applies only to the above platform environment. Bond Street is our station, and we have to work with another team who is designing the platform environment. They give us standard architectural and technical solutions and we adopt them. On Crossrail the platforms are super long, about 300 metres, so we have to have two stations. Where they pop out of the ground, it becomes our responsibility. So we have two architectural teams per station. But in New Delhi we designed everything: 10 stations in a 14-kilometre corridor to get the city ready for the 2010 Commonwealth Games. This is a route from the Delhi city centre towards the south,

12—14 Новый вестибюль перекрыт **полукуполом**, который поддерживают 16 расходящихся веером стальных опор /

The new lobby is covered by a semi-circular vaulted structure supported by 16 steel columns

Если вернуться к вашему вопросу — думаю, что в реальной жизни это вопрос предпочтений заказчика: хочет ли он, чтобы станции отличались между собой немного или, наоборот, кардинально. Есть мнение, что приглашать по архитектору на каждую станцию дороже, чем нанять одно бюро для разработки всех станций сразу. Я с этим не вполне согласен: все зависит от организации проекта. Но в конечном итоге все зависит от видения клиента — городских властей и других заинтересованных сторон. В Дакке мы отвечаем за 16 станций и еще за депо. Мы полагаем, что это правильное решение, и заказчик разделил эту точку зрения. Но, конечно, если бы был заказ, скажем, всего на пять станций где-нибудь в Индонезии — мы рассматривали бы его индивидуально, как и любой другой.

ЮЖ 10 станций в Дели и 16 в Дакке — это крупные составляющие городских транспортных систем. Как вы заполучили такие большие проекты? Был конкурс?

ХА Да, был открытый международный конкурс.

Как и во всех других жизненных делах, нужно состязаться, продвигать свое видение. Сектор транспортной инфраструктуры в этом смысле ничем не отличается.

ЮЖ Самым масштабным из этих объектов был транспортный узел Ананд Вихар в Дели, не так ли?

ХА О, это был сумасшедший проект. Генеральный план по своему размаху далеко превосходил все наши другие проекты. И опять-таки, мы работали с расположенными у железной дороги территориями: искали решение для многофункционального комплекса, прилегающего к многоплатформенной железнодорожной станции, двум линиям метро, трамвайной ветке и гигантскому автобусному вокзалу. Если вы бывали в Дели, то знаете, что зависимость от автобусов там раза в три выше, чем в Москве. Там сплошные автобусы, так что автовокзал был существенным элементом транспортного узла. И, конечно, автомобили. Это гигантский проект, который, по нашему мнению, позволил

создать в Дели новую типологию — в городе появилась точка, где люди из машин перенаправляются в метро и на поезда, чтобы избежать наплыва автомобилей, автобусов, такси и рикш в и без того перегруженный район. В самом начале проекта мы беседовали с директором Северной железной дороги — это, по-моему, крупнейшая компания в индийской железнодорожной системе. Он тогда сказал: «Пожалуйста, поймите, что Дели — город уникальный и безумный. Люди тут, пожалуй, не настолько послушны, как привычная вам европейская публика. И этих людей много. Мы рассчитываем не только на часы пик, бывает еще и пик пика — к примеру, в определенные дни в году, когда идет паломничество к святым местам. Примите, пожалуйста, это во внимание, господин Хиро, когда будете работать над проектом». Конечно, какие-то похожие слова можно сказать про Доху, Дакку или Москву. Это меня и воодушевляет в подобной работе: каждый раз нужно изучить гораздо больше разных параметров, чем просто линии на карте.

Продуманное развитие прилегающих к железной дороге инфраструктурных территорий помогает в модернизации ключевого объекта — самого вокзала — и позволяет сделать его более привлекательным для города и его жителей

© John McAslan + Partners

15

15 **Одна из новых станций метро Дели / Delhi Metro** — view of one of the completed station platforms

Qutab Minar, and towards Haryana province next door. This was about creating better accessibility for the region which has been — and still is — growing very rapidly; this growth is currently creating a problem along the principal road network serving the region.

It's a question of what the clients wish to do, whether they'd like to see some variation or accentuated variation across the stations. Some people would say: you can't have an architect for every station, it's going to be more expensive than having one architect for the whole lot. I don't necessarily agree with that. It depends on how the project is set up. Ultimately it's down to what the client — the city and other stakeholders — would like to see. In Dhaka (Bangladesh) we were responsible for 16 stations and also the depot — because we thought that was the right solution and the client supported that. Of course if someone wanted us to concentrate on just five stations for, say, Indonesian railways, we would consider it on a case-by-case basis.

YZ **10 stations in New Delhi and 16 in Dhaka — these are considerable chunks of city transport systems. How do you get big projects like that? Was there an open competition?**

HA Yes, there was an open international competition. As with everything in life, you have to compete, you have to pitch for it. And it's no different in the sector of transportation architecture.

YZ **The most ambitious of these projects was the Anand Vihar transport hub in New Delhi, wasn't it?**

HA Oh, it was a crazy project. Crazy in terms of scale: it's by far the biggest masterplan project that we ever looked at. Again, it's about working with the real estate around the railway and seeing how we can realise 57 hectares of development adjacent to a multi-platform railway station. Two metro lines, one tram line, a massive interstate bus terminal. If you go to New Delhi, you'll see that the dependency on buses feels like three times of what it is in Moscow, it's completely crazy, so it's a huge component of the hub. And then, of course, cars. This is a massive development, and within it, we think, there is a fantastic opportunity to create a new typology for the city of Delhi. It's just to the east of the historic centre, and in many ways its underlying transportation objectives are similar to those of Salarievo. It's a point where people get off the roads and get onto the metro and rail system because we do not want an influx of cars, buses, taxis and rickshaws in an already very crowded area. In the beginning of the project we had an interview with the director of Northern Railways (I think they are the biggest part of Indian Railways), and he said: "Please understand that Delhi is a unique and crazy place. People are probably not as obedient as people you are familiar with in Europe, and there's a lot of them. We expect not just peak rush hours but also peak of peak rush hours — at certain times of the year when there's pilgrimage to religious sites, for example. These are the things, Mr. Hiro, that you must please understand when you develop the design." Of course, similar words may apply to our clients in Doha, Dhaka or Moscow. That's what is exciting about this type of work: every time you have to learn a much wider set of parameters than just a line on a map.

YZ **How strict are your briefs usually? Are you typically given more of a carte blanche**

16

© John McAslan + Partners

© John McAslan + Partners

© John McAslan + Partners

ЮЖ Насколько жестко клиент обычно формулирует задание? Вам, как правило, дают карт-бланш или четко обозначенные параметры? И какие требования были самыми невероятными в вашей практике?

ХА Если вспомнить Ананд Вихар — там мы очень много обсуждали габариты залов ожидания. Есть разные инструкции по плотности людского скопления — европейские, американские, британские и так далее. Если упростить, то размер зала ожидания зависит от количества поездов в час и от количества пассажиров, которое каждый поезд привозит на вокзал или увозит из него. Полностью загруженный поезд — это в среднем 1000-1200 пассажиров. Так что можно легко рассчитать плотность скопления людей, а следовательно, и требуемую площадь зала ожидания: в зависимости от общего количества платформ и поездов в час. Но нам сказали: «Когда на этой станции наступит пик пика, сюда на одном поезде будут приезжать пять тысяч пассажиров. Пожалуйста, убедитесь, что комплекс будет способен выдержать такую эксплуатационную нагрузку». Вот это действительно непростая задача! И еще одна вещь меня поразила. Мы показывали чертежи, и нам сказали: «Хм, да у вас в проект заложено много лифтов». Там много платформ, а зал ожидания расположен сверху, на террасе над ними. Расстояния значительные, и поэтому одними эскалаторами и лестницами обойтись нельзя, нужны лифты для менее мобильных людей — вот мы с вами лет через 50-60 такими будем, ну или семья с маленькими детьми, и так далее. А тут нам говорят: «А вы не думали вообще отказаться от лифтов? Мы вместо этого найдем на станции работников, которые будут носить людей с уровня на уровень. Мы это можем себе позволить, 200 человек найти — не проблема. И дешевле будет». Вот такие параметры обычно не принимаешь во внимание — как-то никогда не приходит в голову подсчитать, сколько мог бы стоить полный отказ от техники и замена этой статьи расходов оплатой наемного труда.

ЮЖ Когда вы вначале создаете проект, а потом пользуетесь им в качестве пассажира — к примеру, Кингс-Кросс расположен прямо у дверей вашего офиса, — вам не приходит в голову, что какие-то вещи можно было реализовать иначе? Как вы воспринимаете проекты с точки зрения пользователя, когда работа над ними уже завершена?

ХА Мы проводим такую оценку на всех наших проектах — не только транспортных, но и образовательных, и коммерческих. Что касается Кингс-Кросса, то, если быть откровенным, мне кажется, что он мог бы быть больше. Он ведь получился настолько успешным, что теперь им пользуются многие люди, не являющиеся пассажирами. Они приходят побродить по магазинам, встретить друзей, пообедать или посидеть после работы. Все они — клиенты этого комплекса. Так что комплекс, пожалуй, можно было бы сделать и побольше.

ЮЖ А что вы думаете о рекламе? Это зло, с которым вы вынуждены мириться? Допустим, вы создали чистый, гармоничный дизайн, а потом приходят люди и вешают поверх гигантский щит с рекламой газировки.

ХА Для Кингс-Кросса, например, мы разработали целый ряд правил: ландшафтные,

or clearly defined parameters? And what are the craziest requirements that you've seen?

HA Well, Moscow tends to have incredibly heavy traffic. But, talking about Anand Vihar, we were discussing the size of concourses where people wait for their trains to be called. There are different guidelines on density of occupation that you can work with — European, American, British etc. In simple terms, the size of a concourse depends on the number of trains that arrive and depart, and the trains taking a certain number of passengers in or out of the facility. A fully loaded train is typically around 1000-1200 people; you can quickly calculate densities and therefore a required concourse size, depending on the number of platforms and scheduled trains per hour. But they said: "During the peak of peak situation at this station — let's say you think that the train has capacity for 1000 people. In fact, 5000 people would be on that train. So you must please ensure that this intensity of usage can be accommodated by the facility." And I thought, "Wow. That is really, really challenging." Another thing really impressed me. As we were presenting further plans, we were told: "You have proposed using a significant number of lifts." There are lots of platforms and the concourse is above them so that you come down from it to the platforms. Because of the distances involved you have to design not just escalators or stairs but also lifts for people who are not so mobile — that could be you and I in 50-60 years time or a young family with children and so on. But we were told: "But have you considered no lifts at all? Instead we will use a group of station staff to carry people up and down the levels. We can afford to do that and we have 200 people who are available to do it. And it would be cheaper." This kind of metrics you don't ever calculate, you don't think how much it would cost not to have any machinery but solely rely on labour cost.

YZ When you use a project that you've designed, use it later as a customer — I mean, your office is next door to King's Cross — do you see anything that could have been done differently? How do you view your completed projects as a user after you finish them?

HA We do such an assessment for all of our projects — not only for transportation, but also for education and commercial offices. King's Cross? To be really honest, I think it could have been bigger — because it is so successful; many people who are not travellers are enjoying the facility. They are coming to shop, to meet friends, have lunch or drinks at the end of the day. So they all are legitimate customers of the station. Possibly we could have had a bit more of the facility.

YZ How do you view advertising? Do you hate it or just live with it? You sketch a clean beautiful design and then someone comes and puts up a huge billboard advertising a soft drink...

Development of railway territories, or infrastructure territories, also assists in modernisation of the facility and makes it more attractive for the city and the people who live in it

19

© John McAslan + Partners

17 Транспортный узел Ананд Вихар в Дели. Общий вид /
Anand Vihar aerial view

18–19 3D-модель перекрытия Ананд Вихар /
Anand Vihar — model view of the project

осветительные, инфографика, и в том числе и правила размещения рекламы. Правда, в случае с Кингс-Кроссом именно такая задача и ставилась изначально, ведь это объект исторического наследия, причем объект первой величины, национальное достояние Британии. И мы должны были гарантировать, что любая грядущая модификация здания учтет этот его статус. Но решение контролировать расположение рекламы мы приняли не единолично, а после обстоятельных консультаций со всеми заинтересованными сторонами — заказчиком, властями, представителями коммерческой сферы.

Ю Ж Если вы можете влиять на такие вещи, можете ли вы влиять и на вопросы безопасности пассажиров?

Х А Ну вот мы и добрались до этого [*показывает толстое издание формата А4 под названием «Безопасность станции»*]. Этот проект начался три года назад и стал для нас замечательной возможностью углубить наши знания. Мы работали над ним совместно с девятью другими международными бюро по заказу Евросоюза. Нашей задачей было создать руководство по мерам безопасности, интегрированным в дизайн станций рельсового транспорта. Здесь описано все, чему мы научились за годы работы и что теперь применяем в каждом нашем проекте. Наша главная задача — сделать так, чтобы меры безопасности закладывались в проект с самого начала. Это примерно как с рекламой: если оставить этот вопрос на потом, то любое решение в итоге будет компромиссным, как по задачам, которые нужно решить для обеспечения безопасности, так и по удобству пользования станцией: появятся надолбы, ворота, столпотворение.

Ю Ж Насколько вообще важен дизайн? Взять нью-йоркское метро: чисто функциональная система, и выглядит при этом непривлекательно. В то же время есть метро в Стокгольме, или московское — по крайней мере, самые старые и самые новые его станции — тут явно думали о дизайне, а не только о функциональности. Как вы думаете, где баланс?

Х А Думаю, что дизайн должен быть хорошим. То есть, не нужно отделять функцию от эстетики. Нам такой подход кажется верным и с точки зрения опыта пользования комплексом, и с точки зрения ценности этого комплекса для будущего. Ведь на нас лежит ответственность создать нечто такое, что будет нравиться и грядущим поколениям. Может ли плохой дизайн выполнить эту задачу? Думаю, ответ очевиден. Опять-таки, вспоминая метро в Риме — и парижское метро заодно — так вот, станции там местами обшарпанные и неприятные. Я живу в Лондоне, и у меня тоже есть вопросы к нашему метро — ну вы и сами знаете, тут принято на него жаловаться. Но если сравнить его с некоторыми станциями в Париже или Риме, то выяснится, что оно чище, лучше спроектировано и за ним лучше ухаживают. И мне кажется, метро во всем мире должно быть таким — чистым, удобным, безопасным и привлекательным внешне. В конце концов, пассажиры платят за пользование им деньги, и порой довольно большие деньги, и они заслуживают лучшего. Ⓢ

© John McAslan + Partners

© John McAslan + Partners

HA For King's Cross we have actually created guidelines on a number of things: a landscaping guideline, lighting guideline, signage guideline and a few others — including advertising. At King's Cross there was a requirement to do that because of the heritage sensitivities. This is a Grade I listed building, therefore it is at the top level of historical significance, a national asset. We had to ensure that whatever goes in here was appropriate in this historic context. The solution was to control advertising positioning — not autocratically by us, but after consultations with the stakeholders. Commercial representatives who wanted more advertising had their view and their say, the local authority had a view and had a say, and, of course, the client as well. It was a very collective endeavour.

YZ **If you can influence things like advertising, do you have a say when it comes to security considerations?**

HA That's where we come to this thing [shows a thick A4 book called SecureStation]. This project started three years ago. It's been a fantastic learning experience; working with nine international partners to provide a service under a contract from the European Union, to create a handbook of integrated security measures in the design of railway stations. This has captured our learning over the years which we are now rolling out to anything that we do. We try to make sure that we are dealing with security right from the beginning. It's a bit like advertising: if you leave security considerations for the end then the solution that's applied would be a compromise. A compromise in what the security objectives will be, and a compromise in terms of the experience of the station; bollards, security gates, congestion, all sorts of things happen when you do something right at the end, when there's not a lot of options.

YZ **Does design matter? If you look at, say, the New York subway system — it's just a pure function which doesn't look particularly good. At the same time the Stockholm underground, or the Moscow metro (at least the oldest part and the stations that were built recently) are very much design-centered on top of pure function. In your opinion, where's the balance?**

HA I think everything should be designed properly. What we mean by that is that we wouldn't separate the function from the aesthetic. We think it's better in terms of experience of the facility and actually in terms of value of this facility for the future. In that regard, I think we have a responsibility to create something that would be enjoyed in the future when we are gone, enjoyed for generations to come. Can you achieve that with something that is not designed properly? I think the answer is obvious. Again, remembering the Rome metro, which is a bit like the Paris metro — it can be quite grotty and quite horrible. As a Londoner, I have my frustrations with the underground system in London, and as you know we complain about it. But when I compare it to some of the stations in Rome or in Paris, it's a lot cleaner here, it's better designed and better maintained. And I think the underground in all countries should be like this — clean, convenient, safe and attractive-looking. Passengers pay money, often a lot of money, and they deserve the best. Ⓢ

21 **Дизайн станций метрополитена Дакки** основан на использовании узнаваемых национальных узоров /
The envelope reflects a number of motifs of Dhaka — the national flower and the printed arches characteristic of Islamic architecture

22 Фрагмент **подземного перехода в Дели** /
Pedestrian tunnel in Delhi

22

© John McAslan + Partners

Яркий минимализм Ника Франка

Nick Franck's bright minimalism

текст: Анна Мартовицкая / **text:** Anna Martovitskaya

1

©Nick Frank

Фотографы, снимающие метро, как правило, стремятся запечатлеть его как уникальную социальную среду — место, где одновременно присутствуют сотни, если не тысячи людей, хаотично пересекаются судьбы, истории, настроения. Гораздо реже предметом исследования становятся сами пространства метрополитена — станции, эскалаторы, переходы. И если историческим станциям, щедро украшенным лепниной и скульптурой, в этом смысле еще повезло, то более «молодые» лаконичные сооружения достаточно редко попадают в поле зрения фотохудожников.

Немецкий фотограф Ник Франк — исключение из всех правил. Его стихия — это как раз современная подземка, лаконичный функциональный дизайн которой он представляет как воплощенное движение и скорость. Ник Франк снимал метрополитены Франкфурта, Берлина, Стокгольма, Нью-Йорка, Дубая и, конечно, Мюнхена, где он сам живет и работает. Собственно, с мюнхенской подземки все и началось: пользуясь ею каждый день, фотограф невольно досконально изучил интерьеры станций и глубоко заинтересовался подлинным характером

пространств, которые обычно минуешь за несколько минут. Для того чтобы постичь его суть, Франк однажды спустился в метро в самый тихий час — раннее утро воскресенья, когда в подземке меньше всего пассажиров и изначальный архитектурный замысел предстает во всей своей полноте. Таким он с тех пор и снимает метро — загадочно пустынным и безмолвным, полностью сосредоточившись на симметрии, цвете, световых бликах. Впрочем, как признается сам Ник, редко удается совсем обойтись без фотошопа: он нужен хотя бы для того, чтобы вернуть станциям их исходную чистоту, — в том же Мюнхене полы, а нередко и мебель бывают покрыты сплошным слоем жвачки.

Во всех сериях subway Ника Франка преобладают кадры, сделанные широкоугольным объективом, который «видит» станцию целиком, позволяя оценить и ее масштабы, и индивидуальность отделки. Но с не меньшей страстью фотограф собирает и отдельные фрагменты оформления подземных пространств, вдохновенно исследуя, насколько более звонкое звучание на большой глубине приобретают каждая линия и каждый цвет.

Photographers who shoot the metro usually endeavour to show it as a unique social environment — a place where hundreds, if not thousands of people are present at the same time and where people's lives, stories, and moods chaotically intersect. It is much more rarely that the metro's own spaces — the stations, escalators, and passageways — are the object of the photographer's interest. Historical stations richly decorated with sculptures may be lucky in this respect, but "younger" and more understated sites are less likely to capture the photographic lens. **German photographer Nick Frank** is an exception to all these rules. His natural element is the modern metro system; he portrays the latter's laconic functional design as the embodiment of movement and velocity.

Nick Frank has photographed the metros of Frankfurt, Berlin, Stockholm, New York, Dubai, and, of course, Munich, where he himself lives and works. It was with the Munich metro, in fact, that his photographic career began: since he was using it every day, Nick could hardy avoid making an in-depth study of the station interiors. He developed a profound interest in the true character of spaces which you or I usually pass through in the course of a few minutes. In order to get to grips with the essence of these spaces, Frank one day decided to visit the metro at the quietest hour — early on a Sunday morning, when passengers are few and far between and the system's original architectural concept can be seen most fully.

This is how he captures the metro to this day — a mysteriously empty and silent space — and is completely concentrated on symmetry, colour, and gleams of light. However, as Nick himself admits, it's almost impossible to do without Photoshop altogether: Photoshop is necessary in order to restore to the stations their original cleanness. In Munich, for instance, the floors — and often the furniture too — tend to be covered with a solid layer of chewing gum.

In all Nick Frank's "subway" series most of the shots have been taken with a wide-angle lens which "sees" the station in its entirety, meaning that it is possible to appreciate both the scale of the structure and the character of its decoration. But Frank is also a passionate collector of individual details of the decoration of underground spaces; he investigates with inspiration how much more resonance each line and colour acquires deep underground.

© Nick Frank

gallery

© Nick Frank

галерея

© Nick Frank

3 **Станция метро «Мариенплатц»,** Мюнхен /
Subway station Marienplatz, Munich

4 **Станция метро «Олимпиа-Айнкауфсцентрум»,** Мюнхен /
Subway station Olympia-Einkaufszentrum, Munich

Brudermühlstraße

Kurzzug

Lift zu

© Nick Frank

© Nick Frank

6 Станция метро Georg-Brauchle-Ring,
Мюнхен /
Subway station Georg-Brauchle-Ring,
Munich

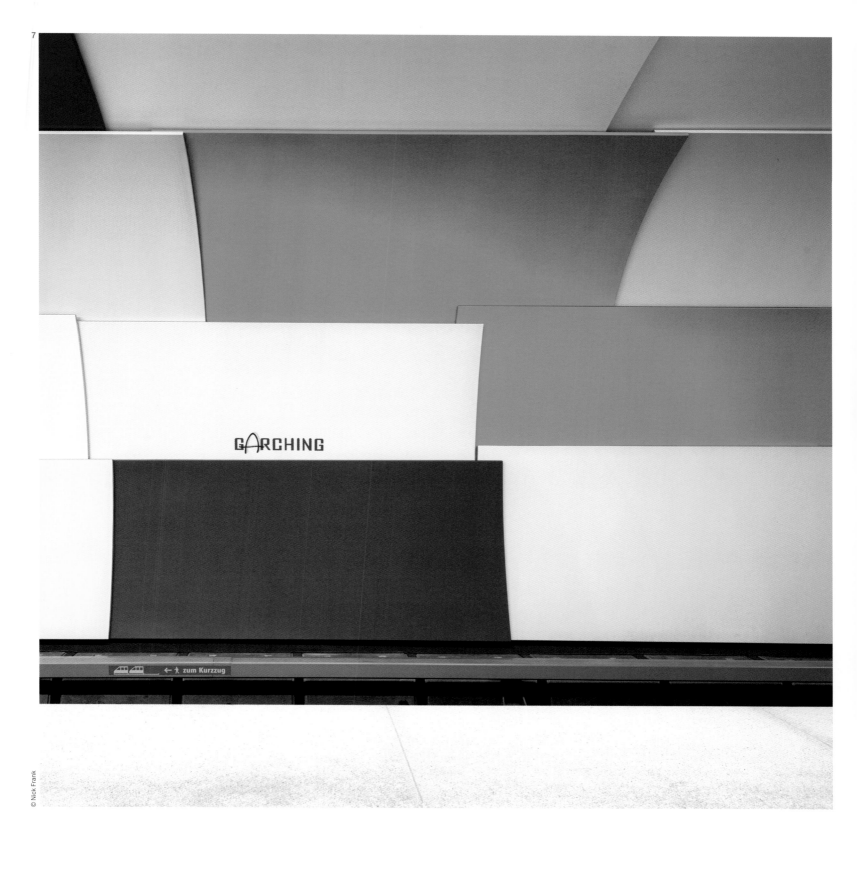

GARCHING

← ↟ zum Kurzzug

© Nick Frank

7 Станция метро «Гархинг», Мюнхен /
Subway station Garching, Munich

← U3 Ottakring

8 Станция метро «Вестбанхоф», Вена
Subway station Westbahnhof, Wien

e U6 ↑

U3 Simmering →

© Nick Frank

13 speech

© Nick Frank

9 Поезд мюнхенского метро /
Subway train in Munich

10 Станция метро «Олимпиа-
Айнкауфсцентрум», Мюнхен /
Subway station Olympia-
Einkaufszentrum, Munich

© Nick Frank

Москва, Выставочный комплекс «Гостиный двор», 18-20 декабря 2014

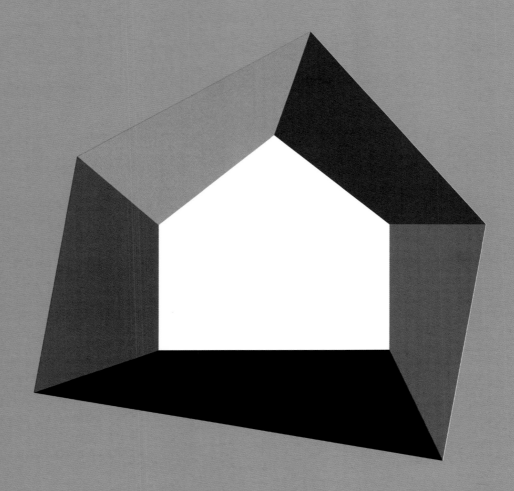

Зодчество '14
международный
фестиваль

International
architectural
festival

Тема «Актуальное Идентичное»
Посвящается 100-летию Русского Авангарда

Ежегодное вручение Российских архитектурных премий

Организатор:
Союз архитекторов России —
под эгидой Международного союза архитекторов

Генеральный спонсор:
Группа компаний «Астарта»
astarta.com

+7 (495) 690-68-65
+7 (495) 691-53-21

zodchestvo.com

Инновации для фасадов: нанокварцевая решетка и карбон

Масштабы и область применения композиционных систем теплоизоляции фасадов растут с каждым годом. И это неудивительно, с учетом их очевидных преимуществ. С их помощью создание комфортного микроклимата (отсутствие сквозняков, тепло зимой, не жарко летом) происходит при сравнительно небольших затратах на отопление и кондиционирование. Бонусом к этому потребитель получает дополнительную защиту от уличного шума. Для архитекторов системы теплоизоляции дают возможность воплощения самых смелых замыслов и в части формы, и в части цвета. Для строителей они хороши легкостью монтажа и ремонтопригодностью. Инвесторов и частных заказчиков они привлекают долговечностью и экологичностью. Определенные сомнения возникают в связи с потерей эстетических характеристик наружного штукатурного покрытия из-за неблагоприятных условий эксплуатации и в связи с естественным старением здания. Но и этот вопрос успешно решается пионером и современным лидером отрасли компанией DAW SE и ее инновационными системами CAPATECT марки Caparol.

DEUTSCHE AMPHIBOLIN-WERKE VON ROBERT MURJAHN

Компания DAW SE ведет свою историю с 1885 года и на сегодня является одним из самых крупных производителей фасадных решений в мире. В компании работает более 3700 сотрудников. Центральное предприятие находится в Обер-Рамштадте, федеральная земля Гессен (Германия). Московское представительство DAW SE было открыто в 1992 году, а с августа 2000 года в Москве начала работу дочерняя фирма ООО «Капарол», переименованная в «ДАВ-Руссланд» 4 декабря 2013 г. Компания имеет свои филиалы в Санкт-Петербурге, Екатеринбурге, Воронеже, Ростове-на-Дону, Краснодаре, Ставрополе, Самаре, Казани, Сочи, Новосибирске. Группа компаний DAW SE наращивает в РФ свои производственные мощности. В настоящее время успешно действуют 2 завода: в Твери (производство водно-дисперсионных красок, штукатурок, грунтовок) и в пос. Малино, Московская обл. (производство сухих строительных смесей).

1

На правах рекламы

Понятие комфорта не исчерпывается благоприятным микроклиматом внутри помещения. Внешний вид фасадов также формирует представление о комфорте — комфорте восприятия среды обитания, заставляя человека, иногда на подсознательном уровне, отнестись к окружающему позитивно и с интересом, или наоборот, если представить себе серые и скучные фасады старых многоэтажек.

В городе на фасады воздействуют разнообразные факторы: термо- и вибронагрузки, ультрафиолет, дождь, снег, град, агрессивные газы, грязь, прямое вольное или невольное воздействие человека. Например, в Европе ежегодный ущерб от града и мусора, который несут с собой штормовые воздушные потоки, достигает сотен миллионов евро. Экстремальные нагрузки возможны даже при обычных на первый взгляд обстоятельствах. Январский яркий солнечный день с трескучим морозом. Обычно? Вполне. При попадании прямых солнечных лучей на фасад, температура на его поверхности может превышать 40°С. Но вот солнце спряталось в тень соседнего

здания, и моментально температура опускается до минусовых значений. Буквально за пятнадцать минут перепад температуры может достигать пятидесяти градусов. Эта нагрузка полностью воспринимается армированным и декоративным слоями. Естественно, нагрузки вызывают сдвиговое напряжение, приводящее к трещинам и деформации, а затем и к отказу внешних слоев системы. Чем «темнее» фасад, чем меньше света отражает декоративно-защитное покрытие, тем выше воздействие нагрузок. Вдобавок к этому «тёмные» покрытия быстро выцветают под действием ультрафиолета и начинают мелиться при разрушении связующего элемента. Именно поэтому большинство производителей не рекомендуют использовать на фасадах финишные покрытия с коэффициентом светоотражения ниже 25–30%, и мы видим на фасадах неяркие пастельные тона.

Преодолеть эти барьеры смогла компания **DAW SE**, включив в армирующие и декоративные штукатурки Caparol специально подготовленные карбоновые волокна. Прочность этих волокон примерно в 20 раз выше, чем у титана. Поэтому

система Capatect Carbon способна выдерживать нагрузки с силой удара до 60 джоулей. Для сравнения, сила удара бытового отбойного молотка составляет около 40 джоулей, а прочность стандартной системы теплоизоляции фасадов — всего 5 Джоулей. И цокольные участки, и входы коммуникаций, регулярно подвергающиеся механическим воздействиям, с помощью системы Capatect Carbon будут служить долго, сохраняя отличный внешний вид. Армирующий слой, усиленный углеродными волокнами, так же эффективно справляется и с экстремальными климатическими нагрузками — благодаря высокой эластичности и стойкости к образованию трещин утепленные фасады можно окрашивать в темные и очень интенсивные цвета с коэффициентом светоотражения до 5 процентов.

Одновременно в финишно-декоративных материалах Caparol применяются инновационные технологии нано-кварцевых решёток (NQG). Мельчайшие частицы распределяются равномерно и при высыхании образуют прочную трехмерную решётчатую структуру. Этот

3

4

5

6

пространственный, усиленный кварцем «каркас» создает особенно прочную поверхность. Даже при сильнейшем солнечном облучении эта поверхность не размягчается. А во время дождя на поверхности образуется тонкая водная пленка, не проникающая внутрь покрытия. Благодаря открытости для диффузии водяной пар может легко проходить через покрытие. Одновременно за счет водоотталкивающих силиконовых компонентов практически исключается проникновение воды снаружи. В результате фасад «дышит», быстро высыхает и фактически самостоятельно очищается.

К сказанному остается добавить, что в полной мере компоненты системы проявляют себя в связке: изоляционный материал обеспечивает теплоизоляцию, армирующий слой — долговечность, а наружный — привлекательный внешний вид системы. По всем трем параметрам материалы Caparol демонстрируют высочайшие результаты, обеспечивая комфортный микроклимат внутри здания, привлекательный внешний вид снаружи и экономическую эффективность всего проекта.

1   Офисное здание ISDB Logistik GmbH, Фридрихсхафен, Германия

2   Детский сад в Загхарштайне, земля Зальцбурга, Австрия

3   Жилой дом архитектора Тило Хольцера из архитектурного бюро Lederer Ragnarsdóttir Oei

4   Яркие и темные тона на фасаде — пример эффектного и эффективного применения системы Capatect Carbon

5–6   Жилые дома микрорайона «Микрогород в лесу», Московская обл., Россия

DAW   DEUTSCHE AMPHIBOLIN-WERKE VON ROBERT MURJAHN

ООО «ДАВ – Руссланд»
Россия, 125493, Москва, ул. Авангардная, д. 3
Тел.: +7 (495) 660-08-49, Факс: +7 (495) 645-57-99
E-mail: daw@daw-se.ru
www.daw-se.ru, www.caparol.ru, www.capatect.ru

MADA

MosBuild Architecture
and Design Awards

ВЫ СТУДЕНТ
АРХИТЕКТУРНОГО
ВУЗА?

ИЛИ МОЛОДОЙ
АРХИТЕКТОР?

**Примите участие
в IV Международной
архитектурной
премии MADA!***

Заявите о себе
ведущим
архитектурным
бюро мира!

www.mada-awards.com

Создано:

Поддержка:

* Прием проектов до 1 марта 2015

Крыша в форме ромбов для венского вокзала

Один из крупнейших строительных проектов Западной Европы последних лет близок к завершению ключевого этапа. В декабре 2014 года бывший Южный вокзал Вены не только де-юре, но и де-факто превратится в Центральный вокзал — уникальный транспортно-пересадочный узел, в котором связаны транзитные, международные, междугородные и местные маршруты железной дороги, а также городские метрополитен, трамвай и автобус. Комплексный проект реновации территории площадью около 110 га предусматривает также работы по благоустройству окружающего вокзал района, строительство жилья, дорог, объектов инфраструктуры, возведение огромного комплекса с красноречивым названием BahnhofCity с магазинами, ресторанами, информационными киосками, автоматами по продаже билетов и пассажирскими кассами. Все это сложное хозяйство, согласно градостроительному плану, должно работать как единый организм с безупречной логистикой.

ALUCOBOND®

3A Composites является одним из подразделений концерна Schweiter Technologies (Швейцария) и специализируется на производстве композитных материалов для самых разных областей применения. В настоящее время 3A Composites предлагает на рынке целый ряд высокотехнологичных продуктов под такими торговыми марками как: ALUCOBOND®, DIBOND®, FOREX®, GATOR®, KAPA®, FOME-COR®, ALUCORE®, AIREX® и BALTEK®. Штат компании насчитывает более 3000 человек, а производственные мощности предприятия расположены в Европе, Северной и Южной Америке, а также в Азии. Первые алюминиевые композитные панели, выпущенные под брендом ALUCOBOND®, появились на рынке в 1969 году. С момента запуска в производство материал используется в строительстве практически повсеместно, но, в первую очередь, идет на облицовку фасадов и кровли. Панели ALUCOBOND®, поставляемые на российский рынок, производятся на заводе в г. Зинген, Германия.

1

На правах рекламы

© Roman Boensch

© ICC Fassadentechnik

© ICC Fassadentechnik

© Roman Boensch

В своем законченном виде проект предстанет в 2019 году, но уже сейчас можно говорить не только о его масштабе, но и об эстетике реализации. Центральный вокзал должен стать своего рода визитной карточкой Вены — первым ярким впечатлением для гостей столицы, архитектурным объектом, соразмерным другим городским символам — Шенбрунну, Собору Св. Стефана или Музейному кварталу.

Изюминкой проекта является большая, частично светопроницаемая крыша, расположенная над пятью «островами»-платформами. Крыша собрана из 76-метровых модулей, имеющих форму 3-d ромбов, плавно перетекающих из одного в другой. Несмотря на гигантские размеры модулей, крыша в буквальном смысле слова парит над платформами. Этому ощущению не мешают даже массивные 38-метровые опорные рамы. В центр каждого модуля интегрирован стеклянный купол — также в виде ромба (6 на 30 метров), что позволяет использовать естественное освещение днем и создает интересные световые эффекты ночью. Ощущение воздушности конструкции придает облицовка — все эти «парящие ромбы» закрыты алюминиевыми композитными панелями **ALUCOBOND®** в цвете Sunrise Silver Metallic. Впрочем, выбор архитекторов в пользу материала **ALUCOBOND®** был продиктован не только эстетическими, но и практическими соображениями. Эти панели просты в обработке и монтаже и при этом сочетают в себе легкость и пластичность при невероятно высокой жесткости на изгиб; обладают отменными эксплуатационными характеристиками — повышенной износоустойчивостью и сопротивлением к неблагоприятным климатическим условиям.

Команда архитекторов (Тео Хотц, Цюрих / Ателье Эрнста Гофмана, Вена / Ателье Альберта Виммера, Вена) решила сложную задачу создания оригинального авторского сооружения, одновременно функционального и экономичного. Еще на стадии предпроектной подготовки были определены оптимальные схемы передвижения пассажиров от площади перед железнодорожным вокзалом через крытый перрон до платформ междугородных маршрутов и поездов дальнего следования, разделения и интеграции потоков для посетителей BahnhofCity. Четкие однозначные указатели, просторные светлые залы, удобный доступ к любому объекту инфраструктуры, безбарьерная среда — все эти смысловые элементы проекта отразились в архитектурных решениях. Приоритетами при выборе технологий и материалов стали их функциональность и экологичность. Применение геотермальной энергии, централизованное кондиционирование и теплоснабжение, встроенная система вентиляции с контролем уровня углекислого газа — все это характеризует Центральный вокзал Вены как образец современной «зеленой» архитектуры.

ALUCOBOND® в метро

Оригинальный немецкий материал **ALUCOBOND®** уже достаточно давно применяется при строительстве метро по всему миру. Реализованные проекты с использованием этих алюминиевых композитных панелей есть и в России, где метрополитен зачастую является еще и объектом стратегического назначения. В частности, в Москве оригинальный **ALUCOBOND®** использовался для отделки станции «Воробьевы Горы». Впрочем, сфера применения материала не исчерпывается только облицовкой фасадов наземных

павильонов станций. **ALUCOBOND®** также востребован для оформления подземных вестибюлей, переходов и наклонных ходов, в том числе, в качестве так называемых «водоотводящих зонтов», что, как показывает практика, особенно актуально в метрополитене Санкт-Петербурга с его сложнейшими условиями строительства и эксплуатации подземных сооружений. При подземном строительстве помимо качества и долговечности материалов особое внимание уделяется их пожаробезопасности. Еще в 1989 г. компанией 3A Composites

была создана принципиально новая технология производства материала с сердцевиной из негорючего минерального вещества. Этот материал был назван **ALUCOBOND® A2** и стал первой алюминиевой композитной панелью, строго отвечающей требованиям класса A2 «негорючий» в соответствии с европейской классификацией EN 13501-1. И по сей день **ALUCOBOND® A2** остается наиболее пожаробезопасным алюминиевым композитным материалом в мире.

© Renee Del Missier

1 **Центральный вокзал Вены готов к открытию**

2 **Конструкция крыши — сочетание эстетичности и практичности**

3 **В центр каждого ромбовидного модуля интегрирован стеклянный купол**

4 **В темное время суток вокзал Вены особенно красив**

5 **Материал ALUCOBOND®, использованный для облицовки венского вокзала, также применяется при строительстве метро**

ALUCOBOND®

3A Composites GmbH
Представитель в России
Леонид Чернышов
Тел.: +7 (985) 202-15-15
E-mail: Leonid.Chernyshov@3AComposites.com
www.alucobond.com

КНАУФ АКВАПАНЕЛЬ® Наружная стена: Творите без ограничений!

Скорость внедрения прогрессивных технологий в производство — визитная карточка **КНАУФ**. Результатом этой эффективной стратегии является регулярное пополнение продуктовой линейки новыми материалами, предупреждающими запросы девелоперов, архитекторов и конечных потребителей. Одним из таких материалов стала комплектная система **АКВАПАНЕЛЬ® Наружная стена**, ставшая альтернативой массивным наружным стенам из кирпича и бетона. В этом решении воплощены все преимущества технологии «сухого» строительства: легкость конструкции, существенная увеличение полезной площади за счет тонкости наружных стен, превосходные эксплуатационные характеристики и, конечно, сжатые сроки строительства. Еще одним немаловажным преимуществом системы является ее универсальность — **АКВАПАНЕЛЬ® Наружная стена** с успехом применяется в строительстве самых разных по своему функциональному назначению зданий.

КНАУФ — международная компания, основанная на классических принципах семейного бизнеса и сумевшая сохранить эти ценности, несмотря на глобальный масштаб деятельности. Сегодня международная группа КНАУФ является одним из крупнейших производителей стройматериалов в мире. Инвестиционная деятельность КНАУФ в России началась в 1993 году, затем приобретались и создавались предприятия в Украине, Казахстане, Узбекистане, Азербайджане и Грузии. Российские предприятия КНАУФ оснащены современным оборудованием, используют единую для всей международной группы технологию производства и как следствие выпускают строительные материалы высшего качества. Они соответствуют единым стандартам как для предприятий в Германии, так и для стран СНГ.

Four Dwellings Primary School. Возможность создания сложных криволинейных поверхностей во многом обусловила выбор британского бюро dRMM в пользу **АКВАПАНЕЛЬ® Наружная стена** при возведении здания начальной школы в Куинтоне (район Бирмингема). Армирующая стеклосетка в теле плиты **АКВАПАНЕЛЬ®** Цементная плита (наружный элемент системы) придает ей способность гнуться (радиус изгиба плиты даже без предварительного увлажнения составляет 1 метр). Закругленные углы здания по концепции авторов проекта обеспечивают травмобезопасность для детей, а цветовой набор плитки внешней отделки, особый для каждого класса, выступает в качестве «ориентира». «Нам необходима была надежная, негорючая и влагостойкая основа для укладки плитки, которую можно было бы изогнуть малым радиусом и привинтить к деревянному каркасу, — говорит архитектор Адам Косси. — **АКВАПАНЕЛЬ®** стала идеальной основой для облицовки. Благодаря своим свойствам она устойчива к воздействию влаги (не теряет формы, не вспучивается и не зависит от цикла замораживания-размораживания), что обеспечивает надежность крепления декоративного покрытия. Кроме того, это очень простой в работе материал, не требующий специальных инструментов и особых технологий».

1

Cedar Gate. Применение системы **АКВАПАНЕЛЬ® Наружная стена** позволило английской строительной компании Dorset Dry Lining продемонстрировать впечатляющую скорость возведения малоэтажного жилья. Компания получила подряд на строительство комплекса Cedar Gate из двенадцати двухэтажных таунхаузов в городе Рингвуд, графство Гэмпшир. По замыслу авторов проекта — архитекторов MPR Projects — дома на деревянном каркасе должны были иметь традиционную для этих мест форму скатной крыши, фасады, отделанные деревянной рейкой и штукатуркой в пастельных тонах, цвет которой индивидуален для каждого дома, современную удобную планировку, обеспечивающую максимум света и воздуха каждой комнате. Все работы — от котлована и до финишной отделки — были завершены за 245 дней, при том, что строители использовали систему **КНАУФ АКВАПАНЕЛЬ® Наружная стена** впервые. Тем не менее, установка прошла на удивление гладко — легкость и быстрота монтажа стали откровением для британских специалистов. Проект жилого комплекса Cedar Gate получил главную премию в области жилищного строительства Великобритании — The Premier Guarantee Excellence Awards.

Landmark Tower. Система **АКВАПАНЕЛЬ® Наружная стена** также востребована и при строительстве высотных зданий. Так, с ее помощью было построено одно из самых высоких зданий Бремена — Landmark Tower, жилая двадцатиэтажная башня на берегу реки Везер, являющаяся частью комплекса Weserufer. Выбор системы специалистами бюро Hilmes Lamprecht Architekten BDA был продиктован спецификой места (повышенная влажность, туманы, конденсат, необходимость максимальной защиты от шума) и размерами здания (повышенные требования к прочности и ветроустойчивости). Простота и скорость монтажа стала дополнительным аргументом — 67-метровое здание было полностью возведено всего за 20 месяцев. Помимо системы **КНАУФ АКВАПАНЕЛЬ® Наружная стена** в проекте использовались другие продукты КНАУФ — профили разных типов, в том числе для инсталляции окон, а также финишные покрытия.

1 Начальная школа Four Dwellings
 Primary School

2-3 Таунхаузы жилого комплекса
 Cedar Gate в городе Рингвуд,
 Великобритания

4 Landmark Tower и жилой комплекс
 Weserufer в Бремене, Германия

KNAUF

AQUAPANEL®

Центральное управление Группы КНАУФ СНГ
ООО «КНАУФ ГИПС»
Россия, 143400, Московская область,
г. Красногорск, ул. Центральная, д. 139
Тел.: +7 (495) 504 08 21
E-mail: info@knauf.ru

На правах рекламы

Чудо света в арабской пустыне

Уникальные проекты требуют уникальных технологий. Многие здания и сооружения в разных странах мира, которые считаются шедеврами современной архитектуры, построены с использованием стекла, произведенного на заводах Guardian. Одним из таких объектов является 828-метровый небоскреб Burj Khalifa в эмирате Дубай — самое высокое в истории человечества сооружение. Burj Khalifa с первого и до последнего этажа облицован матовым серебристым стеклом Guardian. Здание, выполненное в форме сталагмита, производит впечатление прекрасного ледяного миража посреди раскаленной арабской пустыни. А благодаря запредельной высоте кажется, будто Burj Khalifa пронзает небо.

Корпорация «Guardian Industries» — один из мировых лидеров по производству флоат-стекла, стекла с покрытием, стеклоизоляционных материалов и стекла для автомобильной промышленности. Представительства корпорации работают на пяти континентах, в 22 странах мира. Визитной карточкой Guardian является архитектурное и оконное стекло с магнетронным напылением (нанотехнология) марок SunGuard® и ClimaGuard® . Такое стекло снижает объем поступающей солнечной энергии, обеспечивая при этом оптимальный коэффициент пропускания видимого света, теплосбережение, точность цветопередачи и комфортный микроклимат в помещениях. Желаемые оттенки придает комбинация тонких слоев оксидов металлов, нанесённых на поверхность прозрачного стекла.

Идея строительства башни возникла в начале 2000-х годов, когда правитель Дубая шейх Мохаммед ибн Рашид Аль Мактум задумал превратить эмират в один из главных центров мирового туризма. Ключевым элементом этого проекта должен был стать самый высокий в мире небоскреб.

Разработку архитектурного проекта взяла на себя компания Skidmore, Owings and Merrill (SOM). Ее специалистам предстояло решить множество архисложных задач. Обеспечить устойчивость и функциональность столь грандиозного сооружения само по себе непросто, а ведь это нужно было сделать с учетом особых климатических условий пустыни, грандиозных перепадов ночных и дневных температур, ветров ураганной силы (на уровне верхних этажей Burj Khalifa скорость ветра достигает 75, 5 метров в секунду).

На правах рекламы

Возведение башни началось в январе 2004 года. Только на закладку фундамента ушло около года, и еще почти год — на возведение первых десяти этажей. Специально для Burj Khalifa разработали особую марку бетона, способную длительное время выдерживать высокие, до +50°C, температуры. Чтобы бетонная смесь набрала при застывании необходимую прочность, ее заливали по ночам.
При этом в раствор для охлаждения добавляли лед. После того как надежная и сверхпрочная основа башни была готова, работы пошли заметно быстрее: на возведение каждого этажа уходило в среднем около недели.
В октябре 2007 года был достроен 160-й этаж, над которым вознесся 200-метровый стальной шпиль.
Работа над проектом остекления небоскреба началась еще до закладки фундамента.
В 2002 году SOM заключили соглашение

с Guardian US, а в 2003 году специалисты обеих компаний уже проводили совместные технические расчеты. Для остекления Burj Khalifa было выбрано два типа стекла: наружное солнцезащитное SunGuard Solar Silver 20 и внутреннее теплосберегающее ClimaGuard NT. Комбинированный стеклопакет обеспечил высокие показатели солнцезащиты и сопротивления теплопередаче, пропуская только 16,5% солнечной энергии. Это позволило существенно снизить издержки на кондиционирование, при том что средняя температура в помещениях здания, находящегося в пустыне Руб-эль-Хали, поддерживается на уровне +18°C. Это лишний раз подтвердило эффективную универсальность теплосберегающего стекла: если в регионах с холодным климатом оно препятствует теплопотерям, то на Ближнем Востоке, напротив, защищает от перегрева.

1 Небоскреб Burj Khalifa — самое высокое на нынешний день здание мира

2 Точно так же, как Эйфелева башня для Парижа, Burj Khalifa стала не только архитектурной доминантой, но и символом города

Как уже упоминалось выше, архитекторы выбрали для Burj Khalifa матовое серебристое стекло, прозрачное на просвет. В отличие от тонированного, солнцезащитное стекло с магнетронным напылением идеально соответствовало не только техническим требованиям, но и эстетике проекта. Серебристое снаружи, это стекло пропускает достаточно света и при этом остается прозрачным для тех, кто находится внутри здания. Таким образом, жильцы и гости небоскреба, а в комплексе размещены отель на 300 номеров, 700 роскошных квартир, офисы и торговые центры, могут в полной

мере наслаждаться великолепной панорамой города и залива.
Особенности конструкции и условия эксплуатации сооружения обусловили выбор архитекторами термоупрочненного стекла. По сравнению с популярным в Европе закаленным стеклом, термоупрочненное гораздо меньше подвержено риску саморазрушения при резких перепадах температур и экстремальных ветровых нагрузках. Из-за ветровых нагрузок толщина стекол варьируется в зависимости от высоты, а на определенных этажах установлен триплекс. Работа над уникальным проектом Burj

Khalifa дала архитекторам SOM неоценимые знания и опыт, которые с успехом были использованы в новых работах бюро. А сама башня стала символом не только грандиозного туристического комплекса Burj Residence, который продолжает расти и развиваться, но и воплощением человеческого гения и современных технологий.
Помимо Burj Khalifa стекло Guardian использовалось и на других знаковых объектах эмирата Дубай. Среди них — отель Towers Rotana Dubai, небоскреб Al Yousuf, Media City, самый роскошный отель мира — семизвездочный Burj Al Arab.

3   Вид на башню со стороны одного из
     отелей туристического комплекса
     Burj Residence

4   Офисно-деловой центр Al Gurg Tower 2

5   Офисное здание компании Al Yousuf

6   Отель Towers Rotana Dubai

GUARDIAN
Glass · Automotive · Building Products

ООО «Гардиан Стекло Рязань»
Россия, 390011, г. Рязань,
район Южный промузел, 17а
Тел.: +7 (4912) 95-66-00
E-mail: GSR_Sales@guardian.com

ООО «Гардиан Стекло Ростов»
Россия, 346353, Красный Сулин,
ул. Содружества, 1.
Тел.: +7 (86367) 50-900
E-mail: GSD_Sales@guardian.com

Авторы номера / Authors of this issue

Анна Мартовицкая

Окончила факультет журналистики МГУ. С 1997 по 2006 год работала в газете «Культура». В 2006–2009 годах — заместитель главного редактора журнала ARX, в 2009–2014 годах — заместитель главного редактора портала archi.ru. С июня 2014 года — главный редактор журнала **speech:**

стр. /pages
16, 74, 148, 246

Anna Martovitskaya

Graduated from the department of journalism at Moscow State University. In 1997–2006 worked for the newspaper «Kultura». In 2006–2009 deputy editor-in-chief of the journal «ARCH», in 2009–2014 editor-in-chief of the internet portal archi.ru. Since June 2014 — chief editor of **speech:** magazine

Иван Невзгодин

Младший профессор в Исследовательском центре модификации, интервенции и трансформации архитектурной среды — ®MIT архитектурного факультета ТУ, Делфт, Нидерланды, где в 2004 г. защитил докторскую диссертацию. Публикует статьи по истории голландской и русской архитектуры и градостроительству. Секретарь российской рабочей группы DoCoMoMo, член IPHS и EAHN.

стр. /page **206**

Ivan Nevzgodin

An assistant professor at the Research Centre for Modification, Intervention and Transformation of the Built Environment — ®MIT, Faculty of Architecture, TU Delft, The Netherlands. He received his doctoral degree at TU Delft (2004). He has published extensively on the history of Dutch and Russian architecture and town planning. He is the secretary of the Russian Working Party of «DoCoMoMo», a member of the Board of IPHS and a committee member of EAHN.

Бернхард Шульц

Историк искусства и архитектуры, критик, с 1987 года — редактор раздела «Культура» берлинской газеты Tagesspiegel, автор нескольких книг и большого количества статей, опубликованных в каталогах, архитектурных и художественных журналах.

стр. /pages
38, 90, 100

Bernhard Schulz

Art and architecture historian, critic. Since 1987 editor of the Culture section of Tagesspiegel daily (Berlin). Author of several books and numerous articles, published in catalogues, architectural and art magazines.

Юрий Журавель

Лондонский журналист и обозреватель. Закончил МГИМО в 1998 году по специальности "международное право". Переехав в Лондон, более 10 лет работал корреспондентом и редактором Би-би-си, освещая новости бизнеса, политики, технологий и общества. Сейчас занимается корпоративным анализом и пишет для печатных и сетевых изданий.

стр. /page **228**

Yuri Zhuravel

A journalist and researcher based in London. Graduated from Moscow State Institute for International Relations (MGIMO) in 1998 with a degree in International Trade Law. After moving to London wrote and edited for the BBC for more than a decade, covering major news, business, technology and lifestyle stories. Now a freelance corporate analyst and a contributor to print and online publications.

Александр Змеул

Закончил РГГУ, имеет степень кандидата исторических наук. Главный редактор интернет-издания archspeech.com, ранее развивал интернет-проекты Архсовета Москвы, Союза московских архитекторов и др. Также является директором агентства The Changes, в фокусе профессиональных интересов которого – коммуникационные и некоммерческие проекты в области архитектуры, строительства.

стр. /page **160**

Alexander Zmeul

Graduated from Russian University for the Humanities with a PhD in History. Wrote for major Russian media such as Project Russia, RBC, Vremya Novostei, Moscow News, presented a show on City FM in Moscow. Chief editor of arch-speech.com. Developed a number of online projects for Architectural Council of Moscow, Union of Moscow Architects and others. Leads The Changes agency, supporting non-commercial architecture and construction projects.

Екатерина Шалина

Окончила исторический факультет МГУ (2002). Более десяти лет работает в изданиях, освещающих современную архитектуру, дизайн, искусство. В настоящее время – шеф-редактор архитектурных ресурсов Archplatforma.ru и Archilenta.ru группы сайтов 360.ru. С 2013 года курирует Международный конкурс архитектурного рисунка «АрхиГрафика», организованный при поддержке Фонда Сергея Чобана – Музея архитектурного рисунка и Союза московских архитекторов.

стр. /page **58**

Ekaterina Shalina

Graduated from the Faculty of History of Moscow State University in 2002. Writing about modern architecture, art and design for more than 10 years. Chief editor of Archplatforma.ru and Archilenta.ru (part of 360.ru group). Since 2013 manages the ArchiGraphicArts open international competition, supported by Tchoban Foundation Museum for Architectural Drawing and Union of Moscow Architects.

Дэвид Кон

Американский архитектурный критик, живущий с 1986 г. в Мадриде. Изучал искусство и архитектуру в Колумбийском и Йельском университетах. Является постоянным корреспондентом журнала Architectural Record (США) и сотрудничает со многими изданиями во всем мире, автор статей для каталогов и монографий, в том числе по современной архитектуре Испании.

стр. /page **118**

David Cohn

Is a North American critic of architecture specializing in Spain and based in Madrid since 1986. He holds a Master of Architecture degree from Columbia University (1979) and a Bachelor of Arts from Yale University (1976). He is an International Correspondent for Architectural Record (USA), and collaborates regularly with a number of international journals, as well as writing essays for monographs and catalogs. He is the author of several books on the modern Spanish Architecture.

Артем Дежурко

Историк дизайна, преподаватель школы дизайна ВШЭ. Куратор выставки «Морфология советской квартиры» («Арх Москва», 2011). Читал публичные лекции по истории дизайна в Культурном центре «Гараж» (2011), Центре авангарда при Еврейском музее в Москве (2013) и Музее Москвы (2014). В качестве автора и редактора сотрудничал с такими изданиями, как «Интерьер+Дизайн», ARX, DOMUS, INTERNI, AD, «Проект Классика», Made in Future, «Проект Россия».

стр. /page **178**

Artem Dezhurko

Design historian, lecturer at the Faculty of Design of Higher School of Economics in Moscow. Curated the Morphology of a Soviet Flat exhibition in 2011. Lectured on design history in Garage Museum of Contemporary Art (2011), Avant-Garde Centre of the Jewish Museum in Moscow (2013) and Museum of Moscow (2014). Wrote and edited for Interior+Design, ARX, DOMUS, INTERNI, AD, Project Classica, Made in Future, Project Russia as well as archi.ru, archplatforma.ru and rhzm.ru.

Анна Вяземцева

В 2007 окончила МГАХИ им. В.И.Сурикова, факультет истории и теории искусства, в 2010 аспирантуру НИИ РАХ. С 2010 — научный сотрудник НИИТАГ, в 2011 защитила кандидатскую диссертацию на отделении истории архитектуры и строительства факультета инженерии римского университета Тор Вергата.

стр. /page **190**

Anna Vyazemsteva

Graduated from the Faculty of the History and Theory of Art at the Surikov Art Institute. In 2010 she completed her candidate's thesis at the Scientific Research Institute of the Russian Academy of Art. In 2011 she received her Ph.D. at the Department of History of Architecture and Construction at the Engineering Faculty at Tor Vergata University in Rome.

Андрей Чирков

Учился в Курганском госуниверситете и Уральском госуниверситете. Специальность - филология, журналистика. Сотрудничал с целым рядом журналов, в том числе архитектурно-дизайнерской тематики: Interior Digest, Domus Russia, Interni, а также онлайн-ресурсом archplatforma.ru. В настоящий момент является ведущим редактором сайта archiprofi.ru Совета экспертов интерьерного дизайна и архитектурной среды

стр. /page **138**

Andrey Chirkov

Studied journalism and philology in Kurgan State University and Ural State University. Has contributed to a number of publications, including those specialising in architecture and design: Interior Digest, Domus Russia, Interni, as well as archplatforma.ru. Edits archiprofi.ru - the website of Council of Experts of Interior Design and Architectural Environment.